做个会讲故事的人

如何在商界讲好故事

【澳】加布里埃尔·多兰◎著
（Gabrielle Dolan）
唐奇◎译

STORIES FOR WORK

The Essential Guide to Business Storytelling

中国人民大学出版社
·北　京·

致谢

这本书是在一段不长的时间内创作的，但是我感觉它是对过去十年中我所有的工作和热情的总结。这本书的完成离不开许多人的支持。

我首先要感谢 Wiley 出版集团的 Lucy Raymond，是她找到我，提出了这本书的初步设想。Lucy，非常感谢你一直以来的支持和指导。你是个奇迹，你的小宝贝 Frankie 也是。还要感谢 Wiley 出版集团的团队，包括 Ingrid Bond、Theo Vassili、Peter Walmsley、Charlotte Duff、Clare Dowdell、Dylan Senthilan 和 Genevieve Kanowski。

特别要表扬出色的编辑 Kelly Irving。她不仅在极其紧迫的时间内完成了编辑工作，而且对全书的整体结构和流畅性提出了非常有益的建议。

除了能够做我喜欢的事情之外，我在工作中最大的优势就在于，能够跟我真正喜欢和欣赏的人合作。我要特别感谢 Heather Polglase、LizzyGeremia 和 Lauren Trethowan，在新西兰电信、保柏集团和澳大利亚邮政，他们给予我充分的信任，与我合作完成了重要的组织工作。我们共同实现了改变。

必须特别提到我合作的其他客户，现在他们都成了我的朋友，长期以来他们不仅对这本书，也对我本人提供了巨大的支持。这些人包括 Jac Phillips、Monika Lancucki 和 Natalie Mina。我喜欢跟你们合作，衷心感谢你们一贯的支持和指导。

我要特别感谢所有为这本书贡献出他们的故事的人。不用说，没有你们无私地分享你们的故事，这本书不会成为现实。谢谢你们！

由于工作关系，我结识了一些了不起的伙伴，比如 Matt Church 和 Pete Cook，他们的组织是最酷的，你绝对想成为其中一员。感谢你们的激励、爱和关心，感谢你们创办了思想领袖商学院这个成功的创意空间。

我的另一个好伙伴是我的“参谋长”Eiise Turner。感谢你为我做的一切，包括对这本书的支持。从最初的编辑到整个营销管理，你时刻让一切都井井有条。没有你我绝对做不到。

说到这些我爱的人，最后要把大大的感谢送给我的丈夫 Steve 和我的女儿 Alex 和 Jess（她们还要求我在这里加上我们的爱犬 Digger）。他们一直支持我，给我时间写作，并且允许我写出他们的故事。我爱你们。

前　言

我曾经有幸与一位杰出的女性梅琳·巴特勒（Merrin Butler）一起工作，她每周日晚上都要乘坐夜间航班从都柏林飞往格拉斯哥。她承认，空姐介绍安全须知时她都在睡觉或者看报纸。

她告诉我，不难理解，因为工作关系每周都要赶同一班飞机早就令她厌倦了。所以当空姐拉出氧气面罩或者指向逃生出口时，她不是在睡觉就是在看报纸。

一天晚上，在她的常规航班上，照例心不在焉地听完起飞前的说明之后，他们遇上了恶劣天气，到达格拉斯哥时飞行员不得不放弃着陆。飞机盘旋了一圈，再次尝试着陆，但是风雨更大了，飞行员再次放弃了着陆。在进行第三次尝试前，机长宣布："我们将最后一次尝试着陆，但是在此之前，机组人员将再介绍一遍安全须知。"

所有乘客都笔直地坐在座位上，聚精会神地盯着空姐。人们询问氧气面罩该怎么用，检查座位下面的救生衣，数着最近的安全出口离自己有几排。

谢天谢地，跟飞机上其他人一样，梅琳能够活着讲述这个可怕的故事。

她与我分享这个故事时，事情已经过去了很久，我正帮助她在澳大利亚国家银行实施一次重要的组织变革。这是一个为期两年的项目，将涉及全公司的人力资源管理人员。

我问梅琳，当我们宣布变革时，她想要向她的团队传递什么样的信息。她说，他们肯定都在想：又来了……又一次变革或重建。但是梅琳觉得不止如此——尽管变革将是一个长期、集中的项目，每个人都会接收很多当时可能觉得无聊或不重要的信息，但是他们应该给予密切的关注，因为有朝一日它会切身影响到他们每一个人。

作为项目的沟通和变革经理，我建议她分享格拉斯哥航班上的故事。她的第一反应是："这有什么关系？"不过，我还是说服梅琳分享她的故事，因为我知道这符合她要传递的信息——我们经常觉得接收到的信息是不相干的，但是它们的确有着重要的目的。我确信这个故事会有效……好吧，或许不是确信，算是乐观吧。

第二天，梅琳跟她的人力资源管理团队分享了她的航班故事。我在房间里旁听，等着看听众的反应（我承认，到这一步，乐观变成了希望）。我应该有信心的，因为这是我第一次真正注意到将一个人的亲身经历作为商业信息来传递的积极影响。她的团队不仅立刻报以微笑和理解，而且几个月以后还会提到这个故事。

当时我没有意识到，这是决定命运的时刻。我认识到讲故事的力量，这种认识彻底改变了我的职业——和我的生活。从那一刻起，我注意到所有擅长鼓舞人心的领导者都用讲故事的方式来解释他们的行为和选择。

出于一种使命感，我离职了，因为一种改变我们在商业世界中无聊、乏味的沟通方式，用鼓舞人心的故事直击领导者和团队成员内心的使命感。

过去十年中，这项工作让我走遍世界，从澳大利亚到马来西亚、欧洲和美国，但是无论我在哪里，都会遇到以下问题：

- 讲故事在商业中真的有用吗？我是说，真的有用？
- 我需要什么样的故事？需要多少？
- 怎么找到故事？
- 我没有故事。我的生活平淡无奇。
- 应该在何时、何地分享我的商业故事？
- 我从来没想过用亲身经历作为传递商业信息的手段。可以这样做吗？

我从全世界各行各业、许许多多不同层次的领导者和经理人那里听到这类问题和评论，它们是这本书背后的催化剂。

为什么讲故事真的有效？我的目标是向你们展示它背后的科学——正如本书中诸多案例所示，它确实有效。这本书还将说明，哪类故事是适用的，如何找到它们，以及如何分享它们。

关于这本书，我最喜欢的地方是它给了你一批经过检验的故事，已经有人在他们的商业实践中成功地运用了它们。根据经验，我知道聆听其他人的故事有助于激发你自己的故事灵感。

我的目的是帮助你创造自己的故事，告诉你在何时、何地运用它们，最重要的是给你分享故事的勇气，并从中得到巨大的收获。

现在，放下报纸，注意听讲——你即将飞往讲故事的精彩世界。

目　录

第一部分　塑造你的故事

第二部分　分享你的故事

第三部分　讲故事案例

第一部分

塑造你的故事

讲故事从人类诞生之初就开始了，人类一直用故事来沟通。从我们的穴居人祖先留下的壁画到原始文化和远古传说，都可以看到这方面的证据，代代相传。

不过直到最近，现代商业才开始意识到这门古老艺术的力量和潜力。

在一个信息过载、注意力持续时间非常短暂的世界里，商务人士在寻找一种更有效的方法来传播他们的信息，帮助他们从所有的“噪音”当中脱颖而出。再加上人们对更加真诚的沟通方式的欣赏，讲故事成为一种强有力的工具就不足为奇了。

在这部分中，我将详细说明为什么讲故事在商业中如此有效，探索其背后的科学。还将介绍你需要的四种主要故事类型，以及如何寻找、创造和分享你的故事。

虽然讲故事的艺术古已有之，但是讲故事在商业中的应用才刚刚被发现。

第1章

讲故事的科学

无疑，你已经意识到讲故事是有意义的，但是还不止如此。这其实是有科学依据的。在这一章中，我将向你说明这种科学，解释故事如何构建信任和调动情绪。

故事背后的大脑

我们的大脑有不同的区域，每个区域都有不同的功能。例如，大脑的左半球帮助我们进行逻辑思维和组织思想，右半球帮助我们体验情绪和唤起回忆。我们还有让我们凭本能行动的“爬行动物脑”和帮助我们建立联系的“哺乳动物脑”。我们的大脑有新皮质，与一系列称为“边缘系统”的复杂的神经网络相连。它负责发展我们自己与其他人的情感纽带（比如母子联系）。

丹尼尔·戈尔曼（Daniel Goleman）在他的全球畅销书《情商》（*Emotional Intelligence*）中解释道，进化的大脑皮层是我们的情绪如此有力量的原因。他说：

> 由于很多高级中枢都是自边缘系统衍生出来的，可以说情绪中枢在神经路径的构筑上扮演了极重要的角色，形同脑部新旧区域的交接带，透过无数的回路与新皮质纵横交错。也因此，情绪中枢对脑部其余部位的功能有很大的影响，甚至可左右吾人的思考力。

当我们讲故事时，大脑中所有不同的部分和区域都会受到刺激，它们开始协作，将文字、逻辑、情绪和感官影像结合起来，于是我们能够看到整个画面，交流彼此的经验。基本上，在进行这种活动时，我们的情绪是高度活跃的。

这意味着故事唤起了我们的情绪。好的故事会让我们在聆听时感到兴奋、生气、悲伤、同情或者狂热。相应地，感受到这些情绪意味着我们对讲故事的人有所感觉，从而帮助我们建立起联系——就像大脑新皮层帮助我们建立的纽带一样。

我们都喜欢好故事

2014 年，在《哈佛商业评论》（*Harvard Business Review*）上的《为什么你的大脑喜欢好故事》一文中，神经经济学家保罗·扎克（Paul Zak）揭示了当我们讲故事时，“爱的荷尔蒙”催产素的强大冲击力。

催产素通常也被称为“信任荷尔蒙”。当我们与喜欢和信任的人待在一起、拥抱，或者在商务会议中握手时，我们的身体就会分泌它。当我们听故事时也会。催产素的分泌向大脑发出信号，表示一切都好，接近他人是安全的。这基本上就是说，我们不会被攻击或猎食，这是我们的祖先面临的主要风险。

所以，好故事不仅让我们产生不同的情绪、与讲故事的人建立联系，同时，还会让爱的荷尔蒙催产素发出信号，表明我们是值得信任的，从而帮助我们赢得信誉。

通过故事建立信任和赢得信誉

2016 年，神经系统科学家尤里·哈森（Uri Hasson）开办了他的 TED 演讲，他在演讲中说：

想象一下，如果我们发明了一种工具，能够记录下我的回忆、梦境和思想并转移到你的大脑中。这将是一项颠覆性的技术，不是吗？但事实上，我们已经掌握了这种工具，这就是人类的交际系统和有效的讲故事。

哈森的研究显示，即使跨越不同的语言，我们的大脑在听同一个故事时也会表现出同样的活动，他称之为“同步”或“校准”。

在一项研究中，听众躺在黑暗中，等待聆听一个大声念出来的故事。当故事开始时，听众大脑的听觉皮层，即处理声音的区域同步活跃起来。哈森称之为“神经震荡同步化作用”。

只有当听众以连贯的方式听故事时，这种同步才会发生。如果故事被倒着播放，或者打乱单词和句子的顺序，同步就不会发生。但是用俄语向俄语听众讲述，和用英语向英语听众讲述，两组人群对故事的理解是相同的。

参与者还观看了 BBC 电视系列剧《神探夏洛克》（*Sherlock*）的片段。几个月后，参与者被要求向其他人讲述他们看到的这一幕。结果显示，讲故事人的大脑活动与几个月前他们观看这个片段时是同步的。而且，听故事人的大脑活动也以同样的方式同步。

这一切证明了什么？聆听一个故事，就像你自己亲身经历那个故事一样有效。想要与他人建立共同的基础、分享共同的理解，还有什么更好的方法吗？如果你要对一千个陌生的观众发表演讲，或者进行一对一辅导，就更是如此了。

情绪驱使我们做决定

当我们跟听众谈话时，他们心里会浮现以下问题：

- 我要买你的东西吗?
- 我支持这项变革吗?
- 我接受你的角色吗?
- 我相信你吗?
- 我接受你的建议吗?
- 我愿意追随你吗?
- 我尊敬你吗?

当我们试图让听众接受一次组织变革，或者激励他们朝着明年的目标努力时，他们会产生这类问题。

通常，我们尝试用 PPT 展示事实、数字和主要的利弊，让他们感到兴奋，从而影响他们。这些方法都建立在逻辑的基础上。不过，科学指出，我们是依据基于情绪和对事物的感觉做出决策的，如我在上面列出的那些。

神经系统科学家安东尼奥·达马西奥（Antonio Damasio）的研究显示，情绪在我们的决策能力中发挥了重要作用。我们当中许多人相信是逻辑驱使我们做出选择，现实却是我们已经做出了情绪化的决定，然后用逻辑来向我们自己和其他人证明这个选择。

达马西奥的研究对大脑额叶受伤的人做了测试，大脑中这个区域是负责产生情绪和帮助控制性格的。除了不能感觉和表达情绪以外，参与者在工作中的记忆力、注意力、语言理解和表达能力都是正常的。但是，他们无法做出决策。

大多数参与者都能从逻辑上描述他们认为应该怎样做，但是他们发现很难真正做出决策，包括像吃什么这样简单的选择。这种犹豫不决源于他们一而再、再而三地反复衡量每一个选择的利弊。在需要做出选择时，如果没有某种形式的情绪影响，我们很难做出决策。

影响和冲击

达马西奥的研究并不是孤立的。神经科学专家、《纽约时报》畅销书《团队核能：从低效到高能的团队改造术》（*Smart Tribes: How Teams Become Brilliant Together*）的作者克里斯蒂娜·考曼弗（Christine Comaford）认为，90%的人类行为和决策是由我们的情绪驱动的。

不能充分理解这一点，是我们经常不能让团队成员做我们想让他们做的事而感到沮丧的原因。在我们心里，我们的要求是符合逻辑的！但是正如畅销书作家戴尔·卡耐基（Dale Carnegie）指出的："在跟人打交道时，应该记住我们不是在跟逻辑的生物打交道。我们是在跟情绪的生物打交道。"

这也是为什么要注意案例研究与讲故事之间的区别。案例研究建立在逻辑、事实和数据的基础上（你将在第 13～15 章看到）。它们在商业中发挥着重要的作用，但不是从与某个人在情感层面上建立联系出发的。

营销经理和广告商对于在商业中运用故事和情绪驱动购买决策

有着准确的认识。只要看看最新的汽车广告就能证明!

一项向英国广告从业者协会(Institute of Practitioners in Advertising)提交的调查覆盖了 1 400 场营销活动，基于利润回报对营销活动的有效性进行了排名。结果显示:

- 纯粹以情感为基础的营销活动的有效性为 31%。
- 纯粹以逻辑为基础的营销活动的有效性只有 16%。
- 情感和逻辑相结合的营销活动的有效性为 26%。

这项研究指出，仅运用逻辑的效果是最差的，运用情感几乎可以取得双倍的效果。[更多研究参见: www.neurosciencemarketing.com/blog，搜索“情感性广告”(emotional ads)]。

讲故事深深地根植于与其他人建立情感联系。这就是当你想要在工作中对其他人施加影响时，讲故事是一种有科学依据的方法的原因。

请注意!

还记得保罗·扎克关于催产素和讲故事的研究吗?他的研究进一步显示，当我们听到故事中的紧要关头时，我们的大脑会分泌压力荷尔蒙皮质醇，这是帮助我们集中注意力的。

在他的一项研究中，参与者观看一个父子之间的亲情故事。皮质醇和催产素在不同程度上都有分泌。当皮质醇出现时，催产素水平更高的参与者更加倾向于给他们从来没见过的人捐款。

研究显示，为了激励人们帮助他人，故事必须首先维持注意力，然后引起紧张感。如果是这样，听众会更愿意分享故事中人物的情绪，模仿这些人物的感觉和行为。

这些发现在商业中意义重大。扎克的研究显示，由人物驱动、唤起情绪的故事能够使人对故事中的关键信息有更好的理解。更重要的是，几个星期后听众能够更好地回忆起故事中的要点。正如扎克所说的："在制造影响方面，PPT 演讲根本无法与之相比。"

请记住……

一项针对自传式记忆的调查发现：

- 人们更容易记住充满感情的事件。
- 相比不愉快的情绪，人们通常更容易记住愉快的情绪。
- 积极的回忆包含更多的背景细节（这又反过来帮助记忆）。
- 强烈的情绪能够削弱同时经历的不那么富于感情的事件和信息。
- 帮助记忆的是唤起的情绪，而非信息的重要性。

商务人士都必须坐直身体，拿出笔记本记下这些发现，特别是帮助我们记忆信息的是情绪，而不是逻辑。商业中有太多领导者相信，有重要的信息要分享，比如新战略或技术变革，本身就足以成为听众聆听的理由。（进一步发现可参见：www.memory-key.com/memory/emotion。）

遗憾的是，聚焦于逻辑信息常常适得其反。没有故事，或者没有这种新战略会让听众产生感觉的情感联系，信息通常会遗失，人们要么睡着了什么也没听见，要么扭头就忘。这就是为什么你应该讲故事的原因。

安全产业在这方面的实践领先其他行业几十年，现在引起了广泛的关注，特别是新西兰航空（Air New Zealand）。这家航空公司因为采用幽默诙谐、富于故事性的机上视频介绍关系飞行安全的关键信息而著名。

2011 年，他们播出了第一则由美国健身教练理查德·西蒙斯（Richard Simmons）主演的视频。在这则题为《健康飞行》（*Fit to Fly*）的视频中，一群穿着紧身衣的乘客一边健身，一边演示如何扣紧安全带和戴上氧气面罩。视频在 YouTube 网站上获得了超过 300 万次播放——相对于传统的无聊乏味的安全视频，这是个天文数字！新西兰航空的另一则营销视频由《荒野求生》（*Man vs. Wild*）的贝尔·格里尔斯（Bear Grylls）和《黄金女郎》（*Golden Girls*）的女星贝蒂·怀特（Betty White）主演。如果你还没看过这些视频，可以很容易地在 YouTube 上搜到。

澳大利亚航空公司澳洲航空（Qantas）也开始效仿。虽然没有采取新西兰航空的幽默方式，但他们也用飞机之外的传统澳大利亚人物和场景来传达安全信息。（你也可以在 YouTube 上找到澳洲航空的视频。）即使我在引言中提到的在介绍安全须知时睡着的朋友梅琳，也会同意这些不走寻常路的视频和故事比无聊的标准版更能吸引你的注意力。

如果你的任务是主持一次安全会议——或者需要传达其他类型的关键信息——这是一个机会，你可以从讲故事开始，而不是宣读一系列需要你的团队遵守的要点。

本章中的研究证明，调动情绪不仅能够帮助我们理解逻辑信息，而且能够帮助我们记住这些信息。比起一大堆事实，我们更容易记住一个好故事。

正如美国诗人玛雅·安吉罗（Maya Angelou）的名言所说："人们会忘记你说的话。人们会忘记你做的事。但是人们永远不会忘记你给他们带来的感觉。"

让你的故事卓有成效

本章向你展示了讲故事背后的科学。你发现故事能够：

- 在我们的大脑和身体中唤起情绪。
- 刺激爱的荷尔蒙催产素的分泌。
- 让我们对讲故事的人产生感觉。
- 帮助建立信任和赢得信誉。
- 影响听众的决策。
- 帮助听众聚焦于关键信息。
- 帮助我们记住细节，而不仅仅是事实和逻辑。

那么，你需要什么样的故事？你需要不同类型的故事吗？你需要几个故事？找到它们需要多长时间？我们将在下一章回答这些问题。

第 2 章
商业中需要的四种故事

你需要什么样的故事？你需要不同类型的故事吗？你需要几个故事？找到它们需要多长时间？这些都是我经常被问到的问题。

关于你需要的故事的正确数量，不同作者的建议在六个到八个之间。例如，斯蒂芬·丹宁（Stephen Denning）在《领导者讲故事指南》（*The Leader's Guide to Storytelling*）中发掘了八种故事类型。瓦莱里·邱（Valerie Khoo）在《强力故事》（*Power Stories*）中也是。在《故事工厂》（*The Story Factor*）中，安妮特·西蒙斯（Annette Simmons）提出了你在商业中需要的六种故事类型，在《七种基本情节：我们为什么要讲故事》（*The Seven Basic Plots*：*Why We Tell Stories*）中，克里斯托弗·布克（Christopher Booker）提出了七种基本故事类型。（布克花了 34 年创作这本书，对于七个故事来说这可是很长的时间，我的目标是帮助你更快地找到故事。）

四种故事类型概述

事实上，关于你在商业中需要多少种故事类型的问题，不存在所谓正确或错误的答案。不过我喜欢简单有效，所以根据我的经验，在你的商业故事轮盘中，只需要四种类型的故事。它们是：

1. 成功
2. 悲剧
3. 紧张
4. 转折

这四种类型都包括与工作有关和无关的故事。让我们仔细考察每种故事类型和其中的不同元素。四种故事类型如图 2－1 所示。

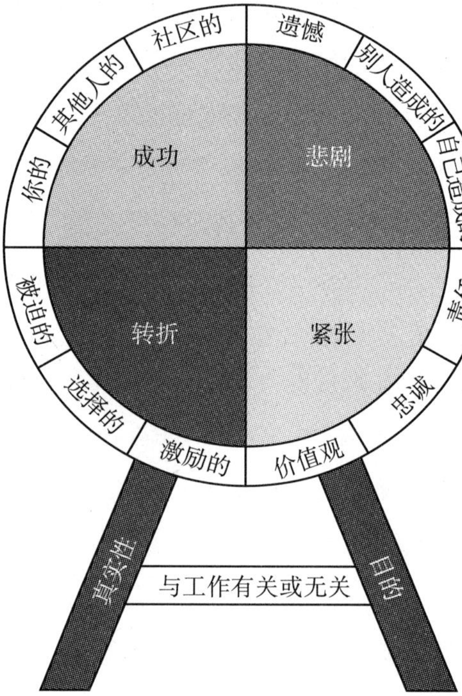

图 2－1　故事轮：四种故事类型

成功故事

这是关于成就的故事——关于你职业和个人生涯中特别值得骄傲的时刻。重要的是，要寻找一系列成功故事，既包括与工作有关的，也包括与工作无关的。

首先，你需要考虑自己对于什么是成功的观点。不同的人对成功的看法和感觉是不同的。你个人的成功可能并不意味着真的赢得了什么东西，或许只是你有勇气去尝试。

许多人对于在工作中分享我们的成功感到不自在，害怕让自己显得傲慢或者喜欢吹嘘。努力克服这一点。分享这种类型的故事并不意味着夸耀自己获得了升职或者跑完了第一个马拉松。把焦点放在这种经验对你个人有多重要、为什么这项成就如此与众不同上。如果你表现出脆弱和谦逊，你的故事就切中了要害。

寻找表现你如何帮助其他人获得成功的故事也很重要。或许你是获得奖项或完成年度目标的团队成员之一。或许你的成功故事是训练你女儿的篮球队赢得总决赛。或许她们整整一年都没能赢得一场比赛，但是每个人都取得了进步。聚焦于它给你的感觉。记住，这与你对成功或胜利的看法和感觉有关，而不仅仅是获胜本身。

你还应该寻找你帮助到更大的群体的故事。你在公司里参加过志愿服务吗？参与过带来改变的项目吗？为贫困儿童组织过筹款活动，或者阻止过在你的街区建造摩天大楼吗？

把你自己的成功与帮助他人、成为团队或社区的一部分结合起来非常重要。

悲剧故事

根据你对悲剧的认识，这类故事各不相同。一些可能是真正悲惨的境遇，另一些可能是遗憾的故事。

遗憾的故事可能是你没有勇气去做某件事。可能是争取一次升职的机会，或者接受海外派遣。可能是没有向心爱的人提出约会的邀请，或者当你的父母年迈时没有花足够的时间陪伴他们。

另一类悲剧故事是关于那些不是因为你自己的错误而发生在你身上的事情。或许是失去爱人，或者你供职的公司破产。不过，你要避免表现得像个受害者。当然，这些事件对你的生活有着巨大的影响，但是要把重点放在你从中汲取的经验上，而不是简单地抱怨环境。

你可能还会想到由你导致的悲剧故事。或许你的一个决策带来了可怕的结果，比如在驾车时犯错误，导致严重车祸；或者向某人提供建议，事后证明是错误的。

至于故事可能泄露秘密，要明白你作为讲故事的人，可以决定分享哪些故事，以及跟谁分享。这对四种类型的故事都适用，但是对悲剧故事尤其适用，因为这类故事特别能唤起强烈的情绪，在工作场合分享它们可能令你感到不舒服。没关系。怎样判断总是由你掌握的。

紧张故事

这类故事围绕着由你的价值观、忠诚和责任导致的冲突。

价值观冲突会产生紧张故事，因为你不得不在两种不同的信念之间做出选择。常见的例子包括你不能忠于自己价值观的故事。讽刺的是，分享你不能坚持自己价值观并为此感到后悔的故事，比你想象的更能证明你的信誉。例如，如果你分享了一个因为在工作中不尊重别人而感到很后悔的故事，这个故事会证明尊重是你多么看重的东西。

当你在两种忠诚之间摇摆不定，也会发生紧张故事。或许你的团队中有两个能力很强的成员，你需要选择给谁升职；或许你需要选择休一个早就该休的假，去陪伴家人。

紧张故事通常与你的责任密切相关。比如说，当你准备接受一个非常好的工作机会时，可能会紧张，因为这对你的职业生涯大有裨益，但是意味着你的孩子刚刚进入新学校又要转学。从日常生活中去寻找——紧张感可能来自不得不在加班赶进度和信守承诺早早回家做饭之间做出选择。

无论令你摇摆不定的是什么，都不要只关注你做出的决策。要保证让故事聚焦于你内心的斗争，或者这件事导致的内部或外部的紧张感。

转折故事

这类故事关系着你生活中的关键转折。如果是与工作有关的，可能包括换岗位、换公司、换行业之类的事件。另一方面，与工作无关的可能包括出国、离婚、重返校园或者生育子女。

你不必纠结于你的故事到底与工作有关还是无关。例如，暂时离开职场或者重返校园学习既可以视为与工作有关，也可以视为与工作无关，取决于你怎么看。

最有效的转折故事能让听众感同身受。花时间强调你在做出决策时感到的焦虑很重要，说明你的恐惧或兴奋的程度也一样。只有逻辑的故事不是故事——好吧，至少不是一个吸引人的故事。

另一件事是寻找强加于你的转折。例如，被解雇或者在孩提时代离开祖国。

你的目标是选择一系列不同的转折故事，所以也要寻找你主动选择的变化。你是否曾在两份不同的工作中做出过选择，或者决定是否接受海外派遣？你是否仔细考虑过要不要孩子、要不要出国，或者要不要公开你的性取向？

还可以考虑由你促成转折的故事。或许你决定辞职、休假，或者暂别学校休学一年。

与其他三类故事不同，换车或者把 PC 换成手提电脑之类的日常事件也可以非常有效，重点在于，你要选择那些依赖于非常重要的改变和事件的转折故事。（无论当时你是否知道自己正在经历这样的改变和事件。）

有效的故事

要获得成功，你个人的故事轮盘中的每一个故事都必须具备两个要素：

1. 真实性
2. 目的

真实性

你的故事必须真实——每一个故事，时时刻刻都必须真实。编造故事，或者把其他人的故事说成是你自己的，可能带来强烈的反冲和损害，不值得拿你的职业或信誉冒险。

任何职业环境都不能容忍这种情况。如果你编造或者剽窃故事，人们后来发现你说了谎，他们会觉得自己被操纵了，你会失去全部的信任。如果你是领导者，或者处在有影响力的位置上，损害会更大。当你读完关于如何寻找故事的下一章，你会意识到你的生活中充满了故事，根本不需要编造。

目的

分享故事是有目的的。为什么你要分享这个特定的故事？它说明了什么？它与你所处的商业情境有什么关系？

目的也意味着有明确的信息和目标听众，以及识别你的故事如何与商业环境相关。一个洗盘子的故事可能只是一个洗盘子的无关故事，除非你能把它与你的商业情境联系起来并得出结论。

不同的情境要求不同的故事，取决于你为什么要分享它们。如果你想在你的专业领域建立信誉，成功故事比遗憾的悲剧故事更有效。反之，如果你想同一个新团队迅速建立融洽和信任，紧张和悲剧故事是最有效的工具。

让你的故事卓有成效

在本章中，我们提出了你在商业中需要的四种故事类型。它们是：

1. 成功：你值得骄傲的时刻，包括你帮助他人和团队的时刻

2. 悲剧：由你导致，或者发生在你身上的令人遗憾的情况

3. 紧张：价值观、忠诚或责任的冲突事件

4. 转折：你面临选择、主动寻求或被动接受改变的重要时刻

我们还说明了每一个故事在你个人的故事轮盘中必须具备的两个要素：

1. 真实性：它们必须是真实的

2. 目的：它们必须与商业成果相联系

在下一章，我们将探讨如何寻找你能够在工作中分享的四类故事。

第3章 如何找到工作中的故事

在我的工作室成立之初，经常听到这样的话："我没有故事，我只是个普通人。"然后是："你是从哪儿找到故事的？"在本章中，我们将花点时间来探索帮助你找到自己故事的一系列方法。

每个人都有故事，无论你是做什么的、你是谁，或者你认为自己有多么"普通"。事实上，"普通"的故事通常是最有效的。一旦学会如何发现你的故事，你会发现你也有许多故事——比你曾经以为的多得多。

你有没有在海滩上见过拿着金属探测器的人？他们一边走一边在沙地上晃动探测器，试图发现表面之下隐藏的东西。寻找故事与之非常相似。你的大多数故事最初是看不见的，但是就在回忆的表面之下等待着被发现。

寻找故事的一种方法就是把你大脑中所有你一生中发生过的重要事件全部倾倒出来（字面意义上）。这里说的"重要"不是指改变一生或者决定命运的大事件。你当然想抓住这些重要的故事，但是不要忽视你一生中积累的简单或普通的生活经验。它们也很重要。

好故事的关键在于要有一系列故事，既包括与工作有关的也包括与工作无关的回忆和事件。你的故事还应该涵盖第 2 章中提到的四种类型：

1. 成功
2. 悲剧
3. 紧张
4. 转折

两种寻找故事的方法

通过从事这个行业的这些年，我发现，你可以采用两种有效的方法寻找你的故事。

方法 1：寻找与工作有关的故事

寻找与工作有关的四种类型故事的第一步是，找一张纸，把它分成五行。在每一行开头（从上到下的顺序）写上：

1. 工作
2. 成功
3. 悲剧
4. 紧张
5. 转折

在第一栏中列出你从事过的所有工作，从你的第一份工作开始，直到你现在的角色。不要遗漏任何一份工作，无论它现在看起来多么微不足道，要包括所有的工作经历和你年轻时短暂从事过的兼职。我 17 岁时在伍尔沃斯超市（Woolworths）打过两个星期的工，从那段短暂的经历中收获了很多故事。

对于每一个角色，认真思考与四种故事类型有关的令你印象深刻的特别事件。这一步的关键在于，在每一段工作经历上都要花费一点时间。不要太快略过它，对自己说那很无聊，什么也没发生，或者我只干了三个月。记住，你是一个故事探测员，它们就藏在表面之下，你必须耐心细致地调查。

思考你是什么时候进入这个角色、什么时候退出的。这个过程中发生了什么重要的事？与搬家有关吗？当时这是一个重大决策吗？你为什么离职？这些问题可以提供非常好的转折或紧张故事。

你在这个角色中取得了什么样的成功？有哪些你或你的团队特别值得骄傲的成就？有没有获奖？有没有跟角色的某一个方面或者团队中的某一个人斗争过？问自己这些问题，能够帮你找到潜在的成功故事。

你做那份工作时有没有过什么遗憾，可能成为悲剧故事？你有没有采取过什么行动，或者做过什么决策，后来证明是错误的并感到后悔？或许跟一个同事或客户的重要关系破裂了？或许发生在你一个同事身上的事对你产生了毁灭性的影响，令你至今无法释怀？你从错误中吸取了有价值的教训吗？记住，悲剧故事并不一定是关于重大损失的，也可以是关于遗憾和教训的。

表 3－1 是一个例子，显示了如何开始逐步充实你的与工作有关的故事表格。如果不是每个角色都能给你这么多细节，别担心，随着你考察所有做过的工作，会发现更多的故事。

表 3－1　方法 1：与工作有关的故事

工作	例：2011—2014 澳新银行技术运营经理

续前表

故事类型	具体事件
成功	• 在颇具挑战性的 6 个月和一次糟糕的考评之后，我彻底改变了在这个领导职位上的工作方法。 • 我开始向团队敞开心扉，谈论我的个人生活，与他们更好地建立联系。 • 更重要的是，我开始询问每一个团队成员过得怎么样，包括工作上的和生活上的。 • 我要求自己成为更好的倾听者，鼓励合作。 • 我的下一次考评结果进步很大，我的领导创造了有凝聚力的团队环境，得到了良好的反馈。
悲剧	• 在这个职位上的第一年，我的姐姐艾伦被诊断出患了乳腺癌。 • 这非常困难，因为我们住在不同的州，我不能经常去探望她。 • 我觉得如果我还在阿德莱德就好了，现在我没办法给她那么多支持。 • 许多次我问自己，离开我的大家庭定居是不是一个正确的决定。 • 在工作和生活上，这都是特别漫长的一年。 • 为了消除负罪感，我定期跟艾伦用 Skype 通话。 • 谢天谢地，这三年来她的病情有所缓解。
紧张	• 当我开始担任这个职务，我努力让自己的领导风格与我想象中的领导者相吻合。 • 我觉得我需要通过表现出权威让每个人知道谁是老板，而且我拒绝表现出任何情绪。 • 这让工作中的关系变得非常困难，几个月后，团队的糟糕反馈令我非常震惊。 • 我还感觉自己像个骗子，因为这不是我的真实个性。 • 直到从团队收到负面反馈，我才意识到我需要帮助，我找到一个同事，就我的领导风格寻求指导和支持。
转折	• 这份工作需要我和家人从阿德莱德搬到墨尔本。 • 这是非常大的跨越，因为这是我第一次担任真正的领导职位。 • 一开始我觉得自己一窍不通，而且我还得适应在一个新城市的生活。 • 我的孩子们需要转入新学校，而且我们不再像在阿德莱德时那样能够得到家人的帮助。 • 在工作和生活方面，我在墨尔本都没有什么熟人，有时候感觉非常孤独。

方法 2：寻找与工作无关的故事

现在，是时候寻找一些你能使用的个人故事了。再拿出一张纸，分成五列，这一次在每一列顶端分别写上：

1. 经历
2. 成功
3. 悲剧
4. 紧张
5. 转折

下一步，回顾你的过去，从你最早的记忆开始，直到最近，写下你生活中发生过的重要事件。记住，由你来决定什么才是“重要的”。你记得这些经历，可能这个事实本身就意味着它们对你很重要，即使是在潜意识层面上。

不要试图对这些经历加以分析：只要写下来。把它们写在你的表格里，并不意味着你一定要分享它们。讲述商业故事的关键原则之一就是，你作为讲故事的人，可以决定分享哪些故事以及与谁分享。因此，你可以与你的团队或者在一对一辅导谈话中分享一个特定的故事，但是不必与你的客户或者在舞台上对着五百名观众分享它。

当你有了许多不同的事件和回忆，在四列中分别打钩，指明故事的类型：成功、悲剧、紧张和/或转折。你可能发现一个故事可以属于四种故事类型中的两种，例如，一个故事可能既是紧张的又是转折的，或者既是紧张的又是成功的。无所谓对错，把两列都勾上好了。不过尽量不要勾选超过两种故事类型，因为这会让事情变得复杂。

表 3-2 是一个示例，显示了如何开始逐步充实你的与工作无关的故事表格。

表 3-2　方法 2：与工作无关的故事

经历	成功	悲剧	紧张	转折
4 岁时从自行车上摔下来，摔断了胳膊。		√		
十几岁时为了去听一场音乐会跟父母吵架。			√	
“9·11”恐怖袭击发生时独自在海外旅行。				√
40 岁时第一次跑完全程马拉松。	√			

回顾你的表格

完成前两步后，数一数每种不同的类型中你有多少个与工作有关和无关的故事。与工作有关和无关的故事数量不需要相等，四种类型也不需要平均分布。当然，如果存在巨大差距，这一步将帮助你发现它们，比如某一类型的故事你可能太多了，而另一种类型的故事则不够。

例如，你不希望所有的故事都是紧张的，因为这意味着你犹豫不决，或者压力太大。同样，你也不希望只有成功故事，让听众认为你是在吹牛——真实的生活是快乐和挑战的混合体。

如果发现存在差距，你可以重新检查你的表格，如果有必要，可以补充一些回忆。

在这个过程的最后，你会收获一批可以在商业中分享的价值连城的故事“宝石”。但是，不要就此止步。

我鼓励你随着时间的推移持续补充这份收藏。其他重要事件还会发生，你会有更好的故事可供选择。

补充你的收藏

当你了解了故事的力量，你会开始随时随地留意那些可以添加到你的收藏中的故事。你的生活中会发生许多事，你会自然而然地开始发现，该如何在商业情境中使用它们。

孩子或侄子侄女是非常好的故事来源，它们对我非常有效，以至于我的孩子提出，每次我在故事中讲到他们，都应该付他们 5 美元。我觉得这笔交易很划得来。

我的小女儿杰西就是这样一个例子。英国宣布脱欧后不久，新首相特蕾莎·梅发表演讲，一天，我一边开车送孩子去上学，一边开着广播听新闻。新闻报道反复播放她的呼吁："脱欧就是脱欧。"几分钟后，12 岁的杰西用迷惑不解的语气问："妈妈，今天早晨为什么每个人都这么关心早餐*？"

我心中暗想，这个故事将直接进入我的收藏。我知道我可以用它来强调误解是多么容易发生——5 美元直接进了杰西的银行账户。

什么时候，哪个故事？

当然，你不会分享你收藏的所有故事，你需要决定最好在什么

* 脱欧的英文缩写 Breixt 与早餐谐音。——译者注

时候分享哪个故事。那么你该如何决定？这是个好问题，我的答案与《爱丽丝漫游仙境》中爱丽丝问她应该走哪条路时柴郡猫的回答一样："这在很大程度上取决于你要到哪儿去。"

归根结底，你的目的是什么？你想向你的听众传递什么信息？你想让他们从故事中得到什么？当你决定了这些，你就准备好为你的信息选择最适合的故事了。

从细枝末节到成功

最近一次去做头发时，我意识到当天稍晚的时候安排了一场会面，这意味着我需要比平常更快完成美发过程。我把这一点告诉了我的发型师保罗，他说："我看看我能做些什么。"当他给我吹干头发时，一只手拿着两支吹风机，好让吹干需要的时间减半！我经常把这个故事作为优秀的客户服务或流程改进的例子来分享。这也是一个好例子，证明你在任何地方都能找到故事！

做圣诞晚餐或者修剪鬓角的故事可能乍听起来非常琐碎，但是加上背后正确的商业信息，它们能够很容易就变成成功、悲剧、紧张或转折故事。讽刺的是，事实证明这些看起来微不足道的日常故事可能是最有效的。

无论你如何找到灵感，你都需要把你的想法变成能够讲述的结构完整的故事。这能保证你的故事吸引听众，而且你的商业信息能够被有效地理解。

在商业中分享故事时，你不能随心所欲地跑题。你需要纪律，还要有计划和实践。花时间把你决定分享的故事写出来，然后练习大声讲述它们是很重要的。这可能需要投入大量的时间，但是绝对物有所值。

让你的故事卓有成效

在本章中，你学会了两种寻找故事的方法：

1. 寻找与工作有关的故事

2. 寻找与工作无关的故事

接下来，回顾你的故事，寻找差距——检查你拥有的某一类故事是否过多，而另一类不够。还要记住，随着时间的推移，要持续补充你的收藏，无论当时的回忆或事件看起来多么微不足道。

下一章将介绍计划、写作和构建你所选择的故事的整个过程。

第4章

如何创作和分享你的故事

现在，你知道了你需要的四种故事类型，也已经列出了一组可以使用的潜在的回忆和故事。这是你的“首选”清单。当你发现了需要用到故事的商业信息或商业情境时，可以查看这份清单，加工出你需要的故事。

当然，先从几个故事开始是个好主意。你很快就会发现，准备是有效讲故事的关键。

让我们来看看你该如何创作和加工一个故事。首先，你需要把你的故事写出来或者打出来，然后反复打磨和练习。这能帮助你打造一个简洁、切题的故事，也意味着你以后可以不断地回顾它。

在加工你的故事前，让我们来看一些经过时间检验的关于讲故事的建议。早在公元前 350 年，古希腊哲学家亚里士多德就提出了这一简单的三步式故事结构：

1. 开头
2. 中间
3. 结尾

让我们详细考察每一步。

开头

你如何开始一个故事？通常，最好的方法是从时间和地点开始。这样的例子包括：

- “当我还是个孩子时，我住在瑞典。”
- “今天早上我去遛狗……”

- “三年级时，我有一个好朋友，叫丽兹。”
- “2007 年 12 月 9 日，我接到一个电话……”

从特定的日期（有时候是准确的时间）开始的故事通常意味着，你要分享的是一件非常重要的事。因此，如果一个故事真的很重要（最可能是一个成功或悲剧故事）或者要传达的信息关系重大，我一定会从特定的日期和/或时间开始。

提到时间和地点对你的听众是一个重要信号，表示你要给他们讲故事了（而不是扔给他们一大堆无聊的事实或者去年的会议数据）。正如第 1 章中所说的，作为人类，我们不仅天生就会讲故事，而且天生就爱听故事。一旦你的听众开始聆听你的故事，他们的大脑会开始重新体验你的经历，仿佛那是他们自己的经历一样。

尽量不要使用这样的开头：“让我给你讲个故事……”因为这显得有点傲慢。你能想象听众翻白眼的样子吗？如果你标榜这是个“真实的故事”，听众会认为你所有其他的故事都是谎言。记住，你的故事的关键之一就是真实性。

一个成功的故事能够迅速确立时间和地点，吸引和维持听众的注意力。人们在开头部分最经常犯的错误之一就是跑题。他们要么唠叨了太多细节，要么在事实之间摇摆不定——例如，“12 岁那年我去了澳大利亚，实际上可能是 13 岁。哦，我想起来了，那是 11 年半以前的事，因为我刚刚过完 30 岁生日，现在我快 42 岁了……”这种开头一定会失去听众的注意力，你甚至都还没开始讲故事呢。

开头的关键在于简明扼要，并设置简单的背景。这并不意味着要提供你的工作履历，或者你要讨论的话题的详细背景。但要做到清楚明确。

中间

在一个简短的开头之后，你将进入故事的核心。这里有一些关键因素决定着你的故事成功与否。

对细节一丝不苟

在创作故事的中间部分时，要不断追问你采纳的细节是否与要传递的信息相关。如果是，可以保留；如果不是，就需要删除。

讲述商业故事需要自律。你必须遵守纪律，删除故事中的无关细节，即使你认为这些细节很有趣，或者喜欢分享它们。如果你因为喜欢分享而把它们放进故事中，而它们与你要传递的信息或你的听众无关，那么这就变成了关于你而不是关于听众的故事。对于要分享的商业故事，你不能任性。

你可能有个好故事，可以用于多种不同的商业情境。你需要选择与每一个单独的故事和信息相关的细节。因此，你可以用不同的细节分享同一个故事——如果商业信息不同，细节也可以不同。关键在于为每一种不同的使用情境改造你的故事。

在故事中，还要避免不必要的事实和数字。当你纳入了过多的逻辑数据，你就削弱了让听众与你所说的内容建立起情感联系的机会。

例如，在最近的一次讲习班上，一位参与者分享了下面的故事：

> 上星期三晚上 7 点半，我正坐在沙发上，忽然间听到一声巨响。我住的地方距离一个主要的十字路口大约有 150 米，我从窗口向外望去，看到两辆汽车撞到了一起。
>
> 三分钟后，我跑到撞车地点，成为第一个到达现场的人。又过了两分钟，其他邻居也来了。

看到这里有多少数字和细节，让你的大脑忙个不停了吗？它们让你很难跟上故事的发展。

换个说法：

> 上星期三晚上，我正坐在沙发上，忽然间听到一声巨响。我住的地方靠近一个主要的十字路口，我从窗口向外望去，看到两辆汽车撞到一起了。我跑出去，第一个到达现场，几分钟后其他邻居也来了。

这样更清晰、简洁，也更吸引人。

给主要人物起名字

你的故事里总会有人物，需要给他们起名字。如果讲的是你的孩子们，用名字称呼他们。如果讲的是你的伴侣，用名字称呼他/她（“妻子”或“丈夫”不算）。如果讲的是你在学校里最好的朋友或者最喜欢的老师，用名字称呼他们——多丽丝、鲍勃、简、吉姆，等等。（称呼你的父母为“爸爸”“妈妈”，或者称呼你的祖父母为“爷爷”“奶奶”没有问题。）

这里的技巧在于给主要人物起名字，而不是故事中包括的每一个人。例如，我的客户分享过一个美好的故事，讲的是他们全家去度假时遇到的一个修车工。他的故事是这样开始的：“去年，我跟妻子苏和我们的三个孩子哈利、露西和汤姆驾车去黄金海岸度假。”但是，苏、哈利、露西和汤姆在接下来的故事中再也没有被提到，因为这是关于修车工鲍勃的故事。在这个例子中，你只需要说：“去年，我们全家驾车去黄金海岸度假。”

除非你的故事发生在很久以前（例如，关于你一年级的老师），否则一定要征得别人的许可，允许你在故事中使用他们。大多数人都不介意——事实上，他们通常感到很荣幸，特别是如果故事说了他们的好话。不过，你还是可以建议他们使用化名——毕竟你不会提供他们的姓氏、年龄和税单编号之类的关键信息。如果用了化名，你不必向听众特别说明这不是他们的真名。这么做没有必要，会干扰听众的体验，而且如果是他们认识的人的话，通常只会让每个人去猜想这到底是谁的故事。

你可能会发现，你不知道故事中一些人物的名字。不要这么说：“就让我们叫他詹姆斯吧。”这暗示故事是不真实的。你可以说你想不起他们的名字了，或者你们没有被正式介绍过。有时候这样更有效，因为这表示尽管你不知道他们的名字，却记住了那个事件。

下面是一个很好的例子，说明当你不知道主要人物的名字时如何加工一个故事。这是埃森哲公司澳大利亚和新西兰地区前总裁杰克·珀西（Jack Percy）讲述的一个故事。

> 我 20 岁那年，正在剑桥大学三一学院读大二，我选修了一门非线性微分方程的课。一天，来自国王学院的老师讲了一个国王学院酒吧赔钱的故事。酒吧晚上 10 点关门，有人提议开到 11 点，因为这不会增加太多成本，却能多出一小时来卖东西。于是他们这样做了，赚的钱却更少了。
>
> 然后，有人提议让酒吧开到午夜——在线性思考者看来这简直是个笑话，他们相信如果酒吧多开一个小时会赔钱，那么再多开一个小时只会赔更多的钱。我的老师接着解释说，事实上这个问题并不像表面上看来那样是线性的，应该用非线性的方法来考虑解决方案。他们尝试开到午夜，开始赚得盆满钵满。
>
> 事情是这样的，所有其他学院的酒吧都在 11 点关门，只有国王学院的酒吧开到午夜，其他酒吧关门时，人们就转场到这里。事实上，很多人一开始就到这里来，这样他们就不必在其他酒吧关门时再换地方了。
>
> 我已经记不得那位老师的名字和那门课的大部分内容了。但是，直到今天我仍然记得这个故事的细节。我也记得它承载的信息，它与我产生了共鸣，在某种程度上塑造了我的世界观。在我的个人和职业生涯中，我经常回想起这个故事和它背后的信息，帮助我为看上去是线性的，实际上却不是的问题找到非线性的解决方案。

在我看来，这强调了讲故事的力量。故事帮助人们真正理解你要说的东西，帮助他们记住它，而且能产生持久的影响。作为领导者、家长或朋友，在我们生活中的方方面面，经常有重要的信息需要分享——讲故事是一种完美的工具，以联系、吸引和鼓励的方式传递这些信息。

使用真实的语言

你的故事中没有公司行话的空间，永远没有。记住，分享故事的理由是建立情感联系，听众需要感受和想象你的经历。为了做到这一点，你要尽可能使你的语言保持真实。

“我的目标没有实现”，不是描述你八岁那年圣诞节没能得到想要的自行车做礼物的方式。谈到你的第一个孩子的出生时，你也不能说“项目按时完成了，没有超出预算”。

在商业中，我们经常使用安全的语言，避免描述我们的情绪。我们使用“担忧”而不是“害怕”；“失望”而不是“难过”。重点在于，以一种真实的方式与你的听众建立联系，这意味着使用我们所有人都会使用的真正的日常语言。

结尾

结束你的故事，保证它与清晰的商业信息相联系，是讲故事中最大的难点之一。一个成功的故事结尾由三部分组成：

1. 过渡：把听众的注意力带回商业上

2. 联系：传递你的信息

3. 停顿：让信息沉淀

让我们详细考察每个部分。

过渡

过渡句把听众带回商业情境中，当你使用与工作无关的故事时，它特别重要。如果你分享的是与工作有关的故事，则不是那么必要了。

简单的过渡句包括：

- 我讲这个故事是因为……
- 当我回忆起这个故事，就会想到我们正在做的事……

联系

联系是故事的最后一两句话，让故事与你的目的联系起来，但是不要显得太直接或重复。

联系的例子包括：

- “想象一下我们能够取得什么样的成就，如果……”
- “想想我们能做到什么，如果……”
- “我邀请你……”

为了使你的结尾更有亲和力，试着用“我们”来代替“你”。“想象一下，如果我们能做到”比“想象一下，如果你能做到”更加亲切。“我邀请你……”也比“我要求你……”或者“你需要从……开始”更亲切、更有礼貌。

永远不要用“这个故事的寓意是……”来结束你的故事。这样说，你就是在告诉听众信息是什么，而你本来应该让他们自己得出结论的。

停顿

故事的最后一个部分是最终的停顿。你要停止讲话，等待效果。

停顿只需要一两秒钟。你还可以采取点策略，比如喝口水，来争取更长的停顿时间。

停顿是听众与你的故事建立联系的时候。你需要做好准备，迎接通常会发生的沉默的尴尬，并且意识到停顿是魔法生效的时刻。

熟能生巧

练习讲故事真的非常重要。当你大声讲出你的故事，跟向你头脑中想象的听众朗读相比，你会发现不同的可以改进之处。你会发现有些单词和短语不对劲，或者不符合你说话和描述事物的通常方式。到了真正讲故事的那天，这种不自然的感觉可能使你犯错误——记住，不要拿一张纸照着读！

练习很重要，还因为你不想忘记故事的关键点。例如，你希望故事的过渡和联系流畅地进行。你还要为最后等待效果的停顿做练习，因为这将保证你的故事像本来应该的那样有效。

在哪里分享你的故事

去年，我买了一双新鞋——好吧，实际上去年我买了很多双新鞋，但是这双很特别。一开始我非常喜欢它，不过当我看得更仔细了以后，我意识到我爱它！我觉得它简直是为我量身定做的，因为这个品牌背后的故事就写在做鞋子的一块皮子上。故事是这样的：

> 迪亚哥和朱丽叶鞋类品牌是凯莉·芒罗（Kerrie Munro）的智慧结晶。2001 年她的双胞胎侄子和侄女出生时，分别取名迪亚哥和朱丽叶，与此同时，一个独一无二的鞋类品牌也在澳大利亚的墨尔本诞生了。

同样的故事出现在他们的网站上，这也说明了你可以在哪里分享你的故事（正如你从哪里找到它们一样）。实际上，你有太多地方可以分享故事了，正如迪亚哥和朱丽叶显示的，对于在哪里分享故事，你可以充满创意。如果一个故事可以在鞋子上分享，那么它应该可以在任何地方分享。任何时候，当你需要迅速建立亲密关系和信誉，故事都是有帮助的。任何时候，当你需要让人们改变对事物的看法，故事也是有帮助的。而且，如果你真的希望你的信息能够被理解和记住，故事能够帮你做到。

让你的故事卓有成效

我们在本章中看到，亚里士多德提出了伟大的三步式故事结构，并且经受住时间的检验：

1. 开头
2. 中间
3. 结尾

采用这种结构，把你在第 3 章从回忆中选取的故事写下来或者用电脑打出来。

然后进行修改润色，练习大声讲出你的故事，确保它们简洁、切题和有效。做完这些，你就可以开始寻找在哪里分享你的故事了。

下一部分的章节提供了一些真实的例子，是真实的人们在不同商业情境中使用过的真实故事。包括：

- 演讲
- 组织变革
- 销售
- 公司价值观和愿景
- 个人品牌
- 培训
- 面试
- 新闻和博客

第二部分

分享你的故事

在接下来的几章，我将要激发你的灵感，去思考在哪里分享你的故事——实际上，你可以在任何地方分享你的故事。如果你在做演讲，可以从一个故事开始，表现你对要谈论的主题胸有成竹，或者充满激情。

如果你在参加销售会议，你应该用故事来迅速建立亲密关系，用一种更好的方法来证明你的价值、介绍你的产品或服务。

在实施组织变革时，特别是在大型组织中，你可以分享一个故事，事实上，也可以是很多故事，来满足不同的利益相关者以及你需要传递的不同信息的需要。

传递公司的价值观离不开故事。分享一个相关的个人故事，能够帮助你周围的人在更深的层次上与公司的价值观联系起来。

你自己的价值观也是一样。分享表明你个人价值观的故事比简单地告诉人们你重视什么更可信。故事也能帮助你建立自己的个人品牌：你坚持什么，以及当其他人想起你时，你希望他们想到什么。

在培训和指导课程中，故事能鼓励别人换个角度看问题。故事能打开听众封闭的心灵。这种方法比告诉他们应该怎样做、为什么要这样做有效得多。让他们基于自己的价值观和判断得出结论。

当你参加工作面试时，应该用一系列工作和个人的故事来帮助你与面试官建立联系，从所有其他候选人中脱颖而出。这是一个好机会，让你以一种吸引人的方式证明你的价值和能力，而不是简单地重复你简历中的信息。

故事也可以以书面的形式出现——新闻、博客或者你的网站（如第 4 章中迪亚哥和朱丽叶鞋类品牌的例子）。如果你对面对面分享你的故事感到不安和不够自信，网络是一个好的开始。一篇精心撰写的博客将带来积极的反馈，让你在面对面分享一个故事时更有信心。

阅读接下来每一章里的例子，它们都已经被提供者使用过许多次了。这些故事来自各行各业、不同层次的组织领导者、专业人员和管理者。它们说明了在哪里、跟什么人、如何分享你的故事，以及你拥有多大的灵活性和创造性。

第5章

用于演讲的故事

你有没有过听完长达一小时的 PPT 演讲，被无聊的事实、数据和统计数字搞得脑子发木的经历？想象一下，如果用有趣、迷人的故事把这些数据变得鲜活起来，会怎么样？

你要向什么人做哪种类型的演讲并不重要，最令人难忘的演讲者通常都会从分享一个自己的故事开始。你可以从最流行的 TED 演讲中找到例子。

开个好头……

一个精心准备、目标明确的故事会从一开始就抓住听众的注意力，显示你对要谈论的主题的热情，帮助你迅速赢得信任。

为什么要把宝贵的开场时刻浪费在没有感情的细节和目标，以及解释洗手间在哪儿呢？人们正是在这个时候决定是要听你讲话还是继续玩手机的。

最令人难忘的演讲或报告总是与故事有关。比如，你可能记得，2016 年的民主党全国代表大会上，人们期待着前总统比尔·克林顿登台支持夫人希拉里争取总统提名。他走上舞台，这样说道："1971 年春天，我遇到了一个女孩……"他接着分享了一个如何与妻子相遇并坠入爱河的非常私人的故事。

这对观众的影响是显而易见的，它建立起一种直接的联系，不仅是与克林顿的，也是与希拉里的。这次演讲成为政治选战中最令人难忘的演讲之一。（不过希拉里·克林顿的落选也证明，讲故事的作用也是有局限的！）

……不要到此为止

在任何演讲中，故事都不仅是非常有效的开场方式，用故事来结束也同样有效。你也不必只讲一个故事就完事。使用一个主要的故事，再通过其他几个故事不断回顾它，是种更高级的技巧，一旦你成功地做到了，效果会出奇的好。比如雪莉·桑德伯格（Sheryl Sandberg）2016 年 5 月在伯克利大学毕业典礼上的演讲。

桑德伯格是脸书（Facebook）的首席运营官、畅销书《向前一步》（*Lean In*）的作者，在毕业典礼上 25 分钟的主题演讲中，她讲了惊人的 10 个故事！从她祖母的故事——她 20 世纪 70 年代曾经就读于伯克利，是家里的第一个大学毕业生——到她丈夫去世的故事。

这个悲剧故事显示了勇气和脆弱，以及她从厄运中学到了什么。虽然她丈夫的故事只有几分钟长，但是她在整个演讲中回顾了许多次，为她想要传递的信息赋予了生命力。桑德伯格还有效地运用幽默来使这个沉重的话题变得轻松。

下面的故事都在演讲中分享过，以一种独特、难忘的方式与观众沟通和建立联系。

金钱很重要

苏珊·史密斯（Suzanne Smith）是 MLC 团体保险总经理。下面是她母亲的故事，讲的是女性和金钱，目的是强调控制财务状况的重要性。因为这是一天中的第一场演讲，为接下来的演讲者和其他活动确立正确的情境和语气至关重要。换句话说，她对这个故事寄予厚望。

故事

我很高兴主持今天的活动，因为向女性介绍财务知识非常对我的胃口。

当我还是个小女孩时，我在单亲家庭中长大，我妈妈努力工作以维持生计，养活我和哥哥。那是20世纪70年代，没有强制的女性退休金制度，能否从另一半那里获得抚养费只能凭运气。

妈妈在老年护理中心工作，她的薪水不高，我们的生活很拮据。我和哥哥都打零工赚零花钱，来购买我们需要的其他东西。

50多岁时，妈妈幸运地继承了一笔数额不大的遗产，令她能够买下自己的房子。这也给了她一些退休的保障。妈妈有一小笔退休金，但是全球金融危机吞噬了其中一大部分，意味着她现在需要靠救济金和我的资助生活。

我经常想，如果妈妈能够得到一些投资建议，早一些为退休做计划，更有纪律地控制收支、更明智地管理金钱，事情会有什么不同。我想她从来不认为自己能存下钱，或者应该向别人寻求财务建议。但事实上，我们都知道积少成多或者有效预算的价值。这是一个教训，现在，当我15岁的女儿得到第一份兼职工作时，我向她灌输了这方面的知识。

今天我们会听到一些财务专家分享战略和计划方面的信息，对于我的母亲和那些希望了解更多财务知识、准备认真地对自己的财务投资负责的女性来说，这会起到很大的作用。

☞ 结果

听完这个故事，许多女性找到苏珊，向她表示感谢，并分享了她们自己或她们家庭亲身经历的类似故事。她还从活动组织者那里收到一封邮件，其中引用了这个故事：

> 一开始你母亲的故事确实为活动定下了基调，然后你在结尾分享了简单而有效的小技巧，你正是运用这种技巧给你的女儿开了个好头。这非常鼓舞人心，观众的接受度很高。

正如苏珊所说的："这让我进一步认识到故事的力量，给了我更大的信心去通过讲故事联系听众和传递信息。"

大蓝鲸

艾丽卡·兰扎（Erika Lanza）是墨尔本银行的市场经理。艾丽卡要向高管团队汇报未来三个月的任务，即为他们即将举办的客户晚宴售出 65 张桌子的赞助席位。艾丽卡觉得要完成任务，他们需要一点激励，她想向高管团队保证，只要在未来几周里精心计划并投入时间，出售席位的大任务并不像看起来那么艰巨。这是她的故事。

故事

那是四年级第三学期开学。我的老师布置了作业，让我们完成一个项目，告诉我们可以选择自己喜欢的任何主题。我选择了我喜欢的海洋生物大蓝鲸。项目要在第三学期期末完成，也就是 10 周以后。

我预先完成了全部调研：阅读百科全书、从图书馆借书看，并且听从我妈妈的建议，一次完成一点，不要都留到最后一分钟，这样比较容易控制。离第三学期期末还有 10 周，我有充足的时间，没错！

不过，随着时间的推移，我开始偷懒，不再把我的蓝鲸项目排在与朋友和家人一起玩之前。直到最后一周，我的项目还有很多没完成。我整个周末都在赶工，不得不仓促了事。我没有投入本来可以投入的那么多努力，自己也很沮丧。我的鲸鱼图画得乱糟糟的，内容也不连贯，更重要的是，我没有跟朋友们一起享受第三学期的最后几天。

晚宴就像一个大蓝鲸项目，但是如果一次做完一点，它会更容易控制。

如果我们现在就准备和计划好我们的时间，从重要的事情开始着手，比如出售席位，最后几周我们就可以把注意力放在如何给我们的客户和嘉宾提供优质体验上。我们的晚宴大蓝鲸会是一个巨大的成功。

☞ 结果

活动取得了巨大的成功，售出了 68 张桌子。关于这次经历，艾丽卡说：

在高管团队面前分享这个故事很困难，我走进去的时候还有点紧张。我得到的最好的建议就是在一个朋友或同事面前练习，这样我在讲故事时就能更有信心，也更清楚我要表达的商业信息。找到我自己讲故事的方式也很重要，使用我自己的语气和语言，它就不会那么像表演，或者听起来不像我。还要在这些故事中表现出更加个人的一面，来保证信息能够引起共鸣。

相信你的马

米歇尔·塞尔斯（Michelle Sales）是一位领导力演说家、教练和培训师。她经常在课程和演讲的最后分享这个故事，留给听众一种充满力量的感觉，告诉大家，只要相信自己、充满信心，什么都有可能。

故事

去年 12 月，我丈夫过生日时，我带他去骑马。他在农场长大，非常喜欢马，但是已经 30 年没有骑过了。我在城市长大，除了 12 岁时在小径上尝试过几次之外就再也没骑过。

那是在维多利亚山区的一次周末骑行。我有一匹美丽的马，叫做克里奥佩特拉，昵称克里奥。第一天早晨我们骑得很慢。我很快明白，我是队伍中唯一不会骑马的人，我落到了后面，跟莎伦在一起。莎伦是个山地女骑手，像一颗粗糙的钻石。她是我们的领队，给我起了个外号叫“黄金女郎”。她骑在我后面，第一天午饭之前一直让我骑着马小步快走着。

午饭时她把我叫到一边，告诉我下午的计划是骑马慢跑。我们要到达山顶再下来，就像《来自雪河的人》(*The Man from Snowy River*) 那样。我怕得要命！但是我们出发了。

我几乎能感觉到莎伦就在我背后。她向我解释技巧，我试了试，又停下了。我敢肯定克里奥感觉到了我的紧张，所以它也不肯走了。我落在了后面。忽然间，莎伦出现我身后非常近的地方，说：“好吧，我要狠狠地抽克里奥一下，你们会跑到山顶。准备好了吗?”

我胆怯地同意了。莎伦抽了克里奥，我冲出去，听见莎伦喊道：“黄金女郎——相信自己，相信你的马!”

我一路冲到山顶，喊着“哇噢!”感觉如此轻松，仿佛一切皆有可能。

当我想到有了信任和信心，我在骑马时做到了什么，我会想到你们所有人。想象一下，如果你相信自己、充满信心，你能做到什么。你会选择去以前没有考虑过的地方骑行吗？以前似乎遥不可及的东西，现在是不是可以去争取了?

☞ 结果

我听过好几次米歇尔讲这个故事，每次都以更加有效的方式打动她的听众。许多人最后热泪盈眶，因为这个故事真的触动和点燃了人们心中的某个地方。

不要当驴子

林恩·卡扎里（Lynne Cazaly）是演说家、作家和培训师。她在敏捷文化、UVCA（波动性、不确定性、灵活性和模糊性）和领导变革的演讲开头使用这个故事。林恩相信这个故事有助于用每个人都能理解的真实语言解释“变革”这一抽象概念：它看起来是什么样的，给人什么感觉。

故事

我在墨尔本CBD一座大楼的20层上，等待与一个高管团队会面，我在那层楼保安区签了字，正等着从保安乔那里拿到我的通行证。我们之前见过好几次了，所以我问他：“乔，最近怎么样？”

他回答说：“你知道吗？那些人都疯了（他指着大楼外面）。流言满天飞，人们进进出出，担心工作不保。我不是说你需要找一份保安的工作，像我这样！”他笑了。

“这个世界疯了。”他接着说，“他们都疯了……疯疯癫癫。总有一天会天下大乱的。”

我全心全意地同意他，说到“疯疯癫癫”时我们大笑了一场。

考虑到我那天要告诉高管团队他们应该如何对这个疯狂的世界作出反应，我问乔在这种不正常的变革时期，他认为最好的反应是什么。

他的建议是：“不要当驴子。”

“驴子？”我问，“你是什么意思？”

“你知道，一头驴子，不停地抱怨‘咿唷咿唷’。”他说，指的是A. A. 米尔恩（A. A. Milne）的小熊维尼故事里那头悲观、忧郁的驴子。

“别当驴子！做点什么！”

提完这个建议，乔给我指出会议室的方向，然后跟我告别。我就去跟高管团队会面，开始我的工作了。

☞ 结果

林恩喜欢这种“不要抱怨变革”的轻松态度，她在舞台上分享这个故事，用不同的声音模仿乔。观众总是大笑、鼓掌，好像他是存在于他们生活中的一个人物一样。在她使用这个故事的场合，人们经常找到她，对她说“我喜欢乔”“不要当驴子！”或者“乔那家伙真不错，他很真实！”。

让你的故事卓有成效

正如你刚刚看到的，故事能够让演讲充满活力。人格化以及引入日常情境中的人物和性格是一种非常好的方法。

在下一章，我们来看看如何用故事建立信任，帮助你在组织变革中加强沟通，或者在你的团队中驱动行为变化。

第6章

用于变革的故事

今天，组织和领导者面临的最大挑战之一就是变革。可能是整个组织范围的变革，也可能是你团队内部的变革。你也可能需要让一个人做出改变——改变他们的行为、思维模式或优先顺序。

无论哪种情况，问题在于我们常常过于习惯“事情就是这样了”，因此固执己见，拒绝改变，甚至拒绝聆听其他人的观点。

过去，组织变革是通过一种非常彻底、旷日持久的过程进行的。这个过程包括几个月的计划和场外战略研讨会，然后是为了增进员工参与的合作研讨会，以及详尽的利益相关者管理和沟通计划，照本宣科的信息会通过精心制作的 PPT 传遍整个组织。

许多人说这很少取得成功。今天，世界的高速变化意味着我们的 PPT 文档还没做完拼写检查就已经过时了，而大多数观众通常刚看到第一张幻灯片就睡着了。

需要鼓励其他人接受变革时，特别是如果这种变革与他们一直以来的习惯相关，遭遇冷漠和排斥丝毫不奇怪。

现在，领导者必须以一种更加灵活、个人的方式在变革中沟通，冲破员工每天都要应对的“噪音”和信息过载。所以，你或许能够看出为什么讲故事对于变革中的沟通如此重要了。

如今，员工想要更少的事实和信息，更多的情感和有意义的联系。这种变革意味着什么？我个人会受到什么影响？我为什么要关心又一场变革？我为什么要改变我的工作方法，只是因为你告诉我要这么做？

比起要点清单、“你应该这么做……”的言辞和漂亮的图片，一个与商业信息相关的真实的故事能让这种联系更加有效。

在组织变革中讲故事

过去十年中，我与许多不同行业的公司密切合作过，帮助经验丰富的领导者讲述与组织变革直接相关的故事。通过这些经历，我总结出有效讲故事的三个关键要素：

1. 组织需要一种适应领导者表现出弱点和感情的文化。

2. 组织需要整个组织的高层管理者掌握讲故事的技巧，公司事务部和人力资源部的关键支持人员也是。

3. 组织的 CEO 和高管团队需要在讲故事和听故事两方面成为榜样。

澳大利亚邮政的首席客户官克里斯汀·科贝特（Christine Corbett）主持了该公司最大的一次组织变革（将在第 13 章中详细介绍）。克里斯汀把讲故事视为这次变革的关键组成部分。

当领导者用他们自己的语言以有意义的故事来沟通，其他人就会记住这个故事，与它建立联系，并且一而再再而三地复述它。要实现这种效果，你需要走出办公室，花时间跟你的团队谈话，聆听他们的故事。他们是知道什么会有效和起作用的人。

涟漪效应

由于故事能够建立情感联系，我们更容易记住它们、理解它们，并且把它们再讲给别人听。这在组织中制造了一种涟漪效应，类似小道消息网的运作方式（我们将在第 8 章看到），员工之间自愿分享故事，这有助于打破任何反对行为和组织变革的障碍。

这对驱动任何类型的变革都很重要。

在接下来几页中，你将看到一些真实的故事，领导者用它们来激励组织变革，或者鼓励其他人做出改变，改变他们的行为、思维模式或优先顺序。

冲浪高手

保罗·奎肯登（Paul Quickenden）是新西兰公司丘比特（Putti）的CEO，这家公司为手机应用和网站提供低成本、高质量的快速开发平台。保罗经常鼓励他在全世界的团队关注市场，从而迅速做出改变和适应。下面是他与其他领导者和事业部分享的故事。

故事

去年夏天，我和两个孩子在海边冲浪。浪头打来时，我跟他们在水中忙着抓住这波海浪。每个人都很开心。我们在旗子之间游泳，有三个海岸救生员值班。

有一次，我把儿子留在碎浪区，去看我的女儿阿历克丝最后一次冲到哪儿了。我注意到她沿着海岸漂出去了一段，因此朝她大喊，让她靠近些。然后我把注意力转回海浪上，为我的儿子寻找下一波大浪。但是我没有看到通常的波浪线，海水搅动起来。出事了。

我转向我的女儿，这一次是真的在找她。尽管她在浅水区，而且在努力靠近我，她却离我更远了。我体内的警报器响了。就在这时，我儿子丹尼、我和一个在附近游泳的10岁女孩被卷入同一道裂流。速度和力量都非常惊人。

丹尼和游泳的女孩还没有意识到这一点。我望向救生员，但是他们没有注意到我们有麻烦了。所以只有我了。我朝阿历克丝大喊，让她不要向我这边游，赶快去岸边。她已经意识到出事了，我的语气让她确信事情很严重。她改变方向，很快到达了安全区域。我抓住我的儿子，他还在嬉闹，不过拴在一块冲浪板上。那个女孩还在游泳，离我们越来越远了。尽管她很努力，却不能缩短这段距离。她开始害怕了。是时候采取行动了。

我让儿子趴在冲浪板上，告诉他如果他松手，就再也别想玩iPad了。现在他知道事情很严重了。然后我放开他，开始朝那个女孩游去。我抓住她，把她朝我儿子的方向拉，又抓住我儿子，把他们两个都拉到岸边。危机解除了。

对大多数人来说，包括海岸救生员，这场危机从来没有发生过。他们根本没有意识到。那些本来应该看到危机的人在纳闷："发生什么事了？"

我跟你们分享这个故事，是因为它让我想起我们置身其中的市场。情况瞬息万变，如果我们没能看到变化，就只能坐在场边纳闷发生了什么事。

☞ 结果

"故事中私人的一面确实非常有效。人们与它的联系比我预想的更深刻。每一本战略书和咨询指南传递的都是同样的信息，"保罗说，“但是故事似乎有更大的影响力。”

保罗还说，许多人在应对压力时用体育运动来做类比，但是这个故事是独一无二的，效果更好。

爱心传递

芭芭拉·赫彭斯托尔（Barbara Heppenstail）是埃森哲的一名经理，最近刚刚成为一个新团队的领导者。她担心与新团队的第一次会面，因为与此同时，她的新团队需要到一个新的工作地点进行重组。她不知道团队会如何看待这些变革，她认为他们可能会对自己的工作感到忧心忡忡。

这是她在新岗位上的第一天，她还没能与团队建立联系，更不用说建立信任了。她想让他们知道，不管组织如何不断变革，她会站在他们一边，用一切可能令他们获得成功的方法支持、指引和辅导他们。

故事

1989 年，我作为移民来到澳大利亚，根本不知道找工作有多难。我的背景和工作经验都在接待服务领域，特别是航空业。

八个月后，做过几份临时工后，终于在一家全球会计师事务所找到一份正式工作，我觉得自己幸运极了。虽然这跟我预想的不太一样，但这是我第一个机会，让我获得宝贵的澳大利亚本土工作经验，之前的每一次面试都说我缺少这个。

一年后，掌握了办公室行政工作的相关技能后，我又得到一个内部助理职位的机会，为一个著名领导者和她的团队提供支持。有人认为我能够胜任这项工作令我受宠若惊——但是我很害怕会让他们失望。

带着对失败的恐惧和更坚定的成功的决心，我做出了一项后来证明改变了我一生的决定。这是我的自我发现之旅的开端，也是我仍然在这里工作的原因。

尽管我明显缺乏经验，但我的经理简耐心地告诉我如何在新环境中找到方向。简是我生命中重要的支持者。她在我身上看到了某些我自己看不到的东西，通过教导和指引，与我分享她的智慧，她的优雅和感性也是我喜欢和尊敬她的原因。简给了我在职业中成长的机会，当我有几次在个人生活中遭遇不幸，简温柔而坚定地引领我恢复过来，直到我能够继续如常生活，并再一次投入工作。

我与你们分享这个故事是因为，正如简支持我一样，我保证会在这里支持你们。我想请你们每一个人告诉我，你们希望我做什么、你们需要我做什么。我会把简的爱心传递下去，她真诚的领导改变了我的生活和职业经历。

☞ 结果

芭芭拉说她的故事得到了经久不息的积极反馈，完全出乎她的预料。“令我惊讶的是，团队中两个经验最丰富的成员掉下了眼泪，最后每个团队成员回答我的问题时声音都带着哽咽。”她说。

面相凶狠的人

下一个例子来自内森·简森（Nathan Jenson），他是环境组织 AECOM 安全部门的负责人。他面临的挑战是，人们对安全问题抱有成见。他分享了这个故事，帮助组织中的人们改变关于安全问题的思维和行为模式。

故事

千禧年即将到来之际，我在昆士兰科技大学学习环境科学。我一边学习，一边在我朋友的鲜花农场打工，从事园艺和种植业。

我刚到农场时大约有 10 个工人，各种年龄、各种体型的男人和女人。大多数人都很友善。不过，我对一个中年女工印象特别深，她的名字叫尼欧拉。尼欧拉脸上的表情仿佛凝固了，让她看起来"忧虑"而愤怒。

我对尼欧拉的第一印象是有点粗鲁。我是个刚刚中学毕业的年轻人，你得原谅我的不懂事，我记得我想着最好躲开尼欧拉，因为她可能既刻薄又暴躁。

直到后来我才意识到，我相信的是，如果一个人看起来刻薄，那他就是个刻薄的人，应该躲开他。我错得离谱。实际上，尼欧拉是我认识的最善良、最温柔的女士之一，我从她那里学到了很多东西。

一年冬天，尼欧拉好心地花了很多时间告诉我如何正确地修剪玫瑰丛，好让花朵长得又长又直。在为情人节做准备时，这种技巧是非常方便的。

现在我已经转变了观念，相信人的内心可能非常美丽，即使外表看起来很暴躁。

我提到我的朋友尼欧拉，是因为正如我对面相凶狠的人抱有错误的成见，我意识到我和职场中的其他人对安全主管也抱有错误的成见。

五年前当我开始担任安全主管时，我为此感到非常愧疚。这时我才意识到过去受到了错误观念的摆布——例如，“安全讨论很无聊”“安全讨论花费了太多时间”以及“人们只想继续工作”。

现在我更成熟也更聪明了，我把这些观念变成了“安全讨论可以很有趣”“安全讨论可以很简短”以及“人们不希望在工作中受伤”。

正如我改变了自己对面相凶狠的人的成见，同样，我知道如果我们发现和改变关于安全问题的错误观念，我们能够做得更好。

☞ 结果

内森觉得，当他分享这个故事时，比他没有这样做时对安全问题的讨论更充分。于是，他继续与合作团队分享这个故事，因为“我需要让听众理解我从哪里来，而我需要在几分钟内做到这一点”。一个富于情感、目标明确的故事帮助他做到了。

了解你的当务之急

德尔莫特·克劳利（Dermot Crowley）是生产力研究专家、畅销书《智慧工作》（*Smart Work*）的作者。在他的主题演讲和工作室中，为了鼓励行为变革，使用了许多个人的故事。下面的故事说明了从你的待办事项清单中突出真正重要的事情的力量。

故事

2001年，我的父亲去世了，非常突然。我来自都柏林，但我当时在悉尼生活，所以他去世时我不在他身边。他是一家能源公司的会计主管，是个严肃、沉默寡言的人。

在我们的餐厅里有一个父亲的橱柜，他不准任何人碰。里面保存着他的重要文件，还有一些天知道什么东西。葬礼之后，我和弟弟妹妹抑制不住好奇心。我们找到了橱柜的钥匙，打开了它。

不出所料，里面没有多少值得注意的东西，但是有一件东西让我们惊掉了下巴。事实上，是20件东西。我们找到了20本小小的黑色日记本——40年来他一直在断断续续地记日记！连我母亲都不知道这件事。

翻阅这些日记，我们发现他每天只写几行字。实际上，只是当天的随笔。天气怎么样，他去散步了，诸如此类的日常琐事。他总是用同样工整的字体，而且总是用一支黑色的笔来写日记。

只有一天例外。那是50年代中期的一天，他用一支红色的笔写下了那天的日记。这是他唯一一次偏离常规。那一天他写道："今天我遇到了我要跟她结婚的女人。"

那个女人就是我母亲。那天我了解到，我父亲知道如何突出重要的东西。现在，我知道你的任务清单可能没有这么戏剧性，但是道理是相通的。如果你设法突出真正重要的东西，你更有可能完成它们，为你的当务之急而努力。

☞ 结果

“我喜欢讲这个故事，在有些并不适用的场合，我不得不强忍着不去讲它。但是如果以正确的方式、讲给正确的听众，它能制造一个难忘的时刻，并且给他们上一堂非常重要的生产力课程。”德尔莫特说。

无论什么时候德尔莫特分享这个故事，即使没有附带的主题演讲，他都非常有效地强调了当务之急的重要性。观众经常发出叹息，甚至掉下眼泪，德尔莫特相信正是这种情感联系把一个通常枯燥乏味的主题变得令人难忘。

让你的故事卓有成效

正如你从本章的例子中看到的，与简单的逻辑相比，精心准备的故事能够以更令人信服、更鼓舞人心的方式传递关于变革的信息。

在下一章中，我们将考察如何通过分享真实的故事来帮助你完成销售。

第 7 章

用于销售的故事

在第 1 章中，我们看到了当我们面临决策时，情绪发挥的重要作用。因此，我们当中的销售高手都知道，人们是根据情绪而非逻辑来做出购买决策的。无论事实看上去如何，情绪都是销售的关键。

通常在销售谈话中，你会花很多时间“闲聊”或者随便讲一些个人的故事，来与顾客或潜在的客户建立信任。在谈到你真正希望他们购买的东西之前先建立信任，不仅是良好的商业意识，而且是有科学依据的，特别是在讲故事的问题上。

故事是与其他人建立信任和获得信誉的最快、最简单和最自然的方法。不过，你在销售活动中分享的故事必须是有目的和真实的（正如第 2 章中所述），因为随便的闲聊是没有经过深思熟虑的。漫无目的的故事和谈话只能碰运气。

例如，你对青春期的儿子大发雷霆，因为他在凌晨 4 点喝得醉醺醺地回家，这可能是个有趣的故事，但是也可能带来反作用，证明你不是一名合格的家长，或者缺少愤怒管理的能力。不过，将这个故事与清晰的商业信息联系起来，将帮助你与你的顾客找到某些共同点。

识别销售故事的三种方法

在卖东西的时候，你要特别给顾客的自发性留下空间，这里的技巧是做好准备。在销售中讲故事的三个步骤是这样的：

1. 展示其他人如何从你的产品或服务中获益

2. 证明你的价值观

3. 提出任何客户可能关心的问题

让我们来详细考察每一个步骤。

展示产品效益

展示其他人如何从你的产品或服务中获益可能是最容易的。不要掉进简单罗列各种效益的陷阱，而是要通过分享其他客户经历的故事来解释这些效益。这可能需要考察其他案例，加入故事和逸闻来使其更加生动。

当我遇到新客户时，他们常常希望听到我为跟他们类似的客户做了些什么。我会选择那些我成功帮助过的类似规模、类似行业或者面临类似挑战的公司。

我还经常分享一些我讲习班的参与者讲述的小故事或片段，告诉我他们发现这种培训多么有效。我会分享人们参加培训后取得了什么结果的具体故事。

证明你的价值观

开销售会议时，我们在证明你或你公司的价值观方面做得还远远不够，而这非常重要，我们将在第 8 章和第 9 章具体阐述。

现在，先要记住我们通常是用枯燥的陈述告诉其他人我们的价值观的："我们重视客户服务"，或者"我重视信任，值得信任"。这些陈述毫无意义。以前合作过的老客户已经花时间认识了你、知道你重视什么，但是对于新客户，你对他们就是一个完完全全的陌生人。

你必须迅速证明自己的价值观，最有效的方法之一就是讲一些真实、恰当的故事。

考虑以下问题：

- 你为什么加入公司？
- 需要解决问题时公司是怎样做的？
- 你认为公司或你要销售的产品有哪些优点？

然后考虑你能用哪些故事来说明这些问题。

提出潜在的问题

在早期的销售谈话中，经常忽视提出客户可能关心的问题，因为这是最难的一步，特别是如果你不认识那个人的话。

我从自己的经验中得知，我的客户心里大概是这样想的："我希望讲故事这一套不是空谈，因为我所在组织的领导者有点吹毛求疵，如果这不管用，我的职业生涯就危险了。"当然，他们永远不会当面对我这样说（直到事后），但是在我们的初期谈话中，我会分享下面这个故事来消除他们的恐惧：

> 我不知道你们是怎么想的，不过大多数人会有点担心这一套是空谈。我猜你们的高管可能对你们引入的外部培训抱有很高的期待，如果讲故事对他们没有意义，你会听说的。
>
> 我曾经有一个客户很担心这个问题，所以她跟高管团队一起参加了讲习班。15 分钟内，整个团队都对讲故事的力量着了迷——她脸上露出了如释重负的表情。
>
> 讲习班在组织中大获成功，她因此收获了许多赞美，包括

升职。不久前她对我说："我做过的最好的职业决策就是把你带进组织中来。"

下面还有更多在销售产品和服务的真实情境中使用过的故事，它们都曾经使组织内外的某些人受益。

宝宝的哭声

基斯·奇特宝拉（Keith Chittleborough）承担着世界上最艰难的销售任务之一：销售一种人们需要却不想要的产品。他是听力学家、助听器提供商和全世界唯一的扩展式助听器设备 Lyric™的临床开发顾问。

跟眼镜不同，配戴助听器是一种耻辱——眼镜有普拉达和阿玛尼等公司生产的框架，助听器却不会被当成时尚配饰。新病人来找基斯时，通常都准备了一大堆借口，解释为什么助听器对他们没有用。所以，基斯不仅要解释复杂的技术，还要让他的病人对一件他们拒绝的东西产生兴趣。下面是他最喜欢的故事之一，正是它帮助他做到这一切的。

故事

一个 40 岁的大块头来找我，他的胳膊有我的大腿那么粗。他很紧张，但是对产品有兴趣，并且已经做过一些功课。他发现，因为 Lyric™放在耳道深处，而且电池可以坚持几个月，所以即便是在睡觉时也可以戴着。

他害羞地告诉我，几个星期后他就要当爸爸了，他希望他的宝贝夜里啼哭时他能够听到。

从那以后，他就开始配戴 Lyric™，现在他的女儿已经快三岁了。

☞ 结果

只用短短几句话，基斯的故事就说明了产品的特别功能（可 24 小时配戴），以及它如何改变了一个病人的生活。

“这个故事不仅解释了技术，而且通过情感联系证明了技术的价值。”基斯说。他相信这个故事还说明，不是只有老年人才能配戴助听器，从而为助听器正名。只用几句话就做到了这一切，说明简短的故事可以同样有效。

你要试驾吗?

简·安德森（Jane Anderson）是位个人品牌专家、演说家和作家。她帮助和指导客户更好地了解他们的行业，从而增加他们的销售业绩。为了说明这一点，她分享了以下的故事。

故事

上个月，我发现我需要买一辆新车。那是星期五晚些时候，我东奔西跑，寻找最佳折扣。我已经在网上做完了功课，最后选定了一个经销商。他发现因为现在是财年末，我需要迅速做出决定，出乎我意料的是，他允许我把车开回家，周末开出去试驾。

这无疑减轻了我的压力。我不需要仓促做出决定：我可以开一个周末，周一再把这辆车还回来。经销商没有咄咄逼人。他提供帮助，并聆听了我的需求，让整个过程变得简单。结果，我决定买下这辆车。

根据《福布斯》（*Forbes*）杂志，60%的购买决策在顾客从你那里买东西之前就做出了。类似地，CareerBuilder调查发现，58%的招聘人员会因为对求职者的个性有好感而对职位要求做出改变。

写博客是鼓励人们试驾的一个最好的办法。这有点像让他们把车开回家。你的博客能把读者从他们的世界带到你的世界中。它们让读者看到你的见解和观点。有太多时候，我们希望顾客或招聘人员当场做出决策，以至于显得咄咄逼人、急功近利，或者对整个情况感到不安。

赛斯·戈丁（Seth Godin）是包括《团队》（*Tribes*）在内的多本畅销书的作者，他说："我们之间存在经济联系。人们希望与你建立联系，买你的东西，但是只有当他们准备好时才会这样做。"

我们都遇见过只想签合同的汽车经销商。但是我们需要首先了解车辆。"它能满足我的需要吗？它够经济吗？我喜欢它吗？它够安全吗？"你的客户和招聘人员也在问同样的问题。如果事情出了什么差错，组织也无利可图，因此要让每一美元都物有所值。

所以，要让人们了解你。通过博客介绍你的工作，能够减轻你销售时的压力。正如伍尔沃斯公司的创始人F. W. 伍尔沃斯所说："我是世界上最糟糕的推销员，所以我必须让买东西变得更容易。"

☞ 结果

前面的故事来自简的博客，不过当她遇到潜在的新客户时，也会分享非常类似的故事（更多地围绕着周末试驾的故事，而不是数字和引言）。简说："他们觉得这个故事很熟悉，所以我相信它切中了要害。"

简还补充说，她经常在销售会议中使用故事，因为"故事证明你理解和同情客户的问题，我认为这能够帮助我们建立尊重和信任"。

父亲的教导

克里斯蒂娜·吉多蒂（Christina Guidotti）是位导师、演说家和作家。现在她的主业是帮助女性开发她们的潜力，不过此前，她在布里斯班经营着一家非常成功的房地产中介公司。正是在那里，她积累了丰富的销售和领导才能。她传达给潜在客户的关键信息之一就是，一定要言而有信，别找借口，这是她父亲教给她的。

故事

我父亲 1943 年出生在希腊的希俄斯岛，是七个孩子中的老三。他在农场上没有自来水的房子里长大。他 8 岁那年，全家离开希腊，移民到澳大利亚。他们变卖了在希腊的全部家当，每人只带了一只行李箱，开始新的生活。他们所有的钱都用来买船票和支付历时 46 天的航程中的花费了。这是一趟漫长、艰苦的旅程，通往未知的人生，父亲还记得孩子们长了虱子，只得用煤油和水清洗，把他们的皮肤烧得生疼。

澳大利亚的生活并不容易，因为父亲不会说英语。作为移民，家人必须尽快找到工作，他们分别在农场和石棉工厂找到了工作。澳大利亚的房子里有自来水，这让他们惊讶不已，生活条件也比在希腊改善了很多。几年后，他们存够了钱，买下了自己的房子。

父亲在10岁时，开始饲养和出售鸽子、豚鼠及小狗来赚外快。他还推着一手推车的蔬菜挨家挨户上门推销，有什么就卖什么。他教学校里的孩子骑马。他还记得小时候跳佐巴舞，吸引了一群人围观，掏出硬币给他打赏。他喜欢跳舞，这是他的乐趣。

家人设法买下了自己的杂货店，父亲14岁就离开学校，在自家店里工作。一种强大的职业道德从年轻时就深深扎根在他心里。他展现出骨气、不找借口的心态和随机应变的智慧，这些在他的整个人生中令他获益良多。

29岁那年，父亲开了一家房地产中介公司，14年后，他的业务扩大到了14家店。他的童年与一般的澳大利亚孩子不同。他从不会说英语开始，靠自己创造了成功的人生。在事业和生活两方面，骨气、热情、乐观、发现机会的能力和辛勤的工作都是他成功的关键驱动力。

我的父亲教会我职业道德和乐观、热情、坚持不懈的心态——这些都是成功的基本工具。过去几十年，在我自己的事业中，我一直恪守做出承诺时留有余地，然后出色完成的原则。只要你够可靠，人们还会来找你。正如父亲告诉我的："让他们失望一次，他们会原谅你。让他们失望两次，你可能还有机会。总是让他们失望，你就完了。”

可靠是我向你们做出的承诺。

结果

显然，克里斯蒂娜与她父亲同样重视职业道德。当她分享这个故事时，经常收获类似这样的评价：“你真是你父亲的女儿”以及“这解释了你为什么这么有同情心，而且从来不找借口”。

克里斯蒂娜相信，在吸引正确的客户方面，这个故事对她很重要，因为她不想成为一个不知道她不会找借口的客户的导师。

大卫和歌利亚

简森·加纳（Jason Garner）是一名零售和总务专员。当他向商户收取租金时，经常发现自己面临棘手的情况。显然，他希望留住这些商户，但是他也得想办法收回他们欠的钱。商户可能面临财务压力，感觉跟简森的会面就像“大卫面对歌利亚”。这是简森在这种情境中分享的故事。

故事

我的父亲是个印刷工，我记得小时候很少见到他，因为他一周七天都要工作，同时打好几份工。他非常努力地工作，想攒钱自己开业，因此错过了家庭中许多重要时刻。我记得许多次生日晚餐父亲都不在。但是我为他骄傲，因为我知道他所做的一切都是为了我们和这个家。

他不仅教会了我努力工作的重要性，还教会我要尊重他人。我追随父亲的脚步，在零售业干了很多年，所以我非常了解这一行——销售的压力、微薄的利润，还要保证及时付账单——我很清楚这一切都压在你肩上，影响着你生活的方方面面。

我想，我跟你分享这个故事的原因是希望你理解，尽管我可能不完全了解你正在经历什么，但是我愿意帮助你。如果我没有这么做，我父亲会杀了我的。

☞ 结果

简森说这个故事总是能使谈话朝好的方向发展。“我记得有一次，这个故事彻底改变了谈话的氛围，”他说，“商户看到我不是‘歌利亚’，而是能够跟他一起克服困难的人。那以后，我们之间的关系变得更像是伙伴，而不是交易者，这让我们实现了双赢。”

让你的故事卓有成效

在销售中讲故事是一种快速、简单和有效的方法，帮助你与潜在客户建立和谐与信任的关系。

下一章将介绍更多这类故事，表明如何用故事来沟通公司的价值观和愿景。

第 8 章

用于愿景和价值观的故事

现在，随着越来越多的领导者拥抱真诚和基于价值观的领导哲学，找到方法鼓励组织内外的其他人理解你个人的品牌和价值观（将在第 9 章中介绍），理解你公司的愿景和价值观，并与之建立联系，这一点也变得越来越重要。

2011 年《哈佛商业评论》上的《沟通价值观》一文指出：

> 如果一家公司不付出时间和努力，以一种有意义的方式沟通它的价值观，那么就像老话说的：森林里一棵大树倒下了，发出一声巨响，但是没有人在旁边看到它的价值。

除非能被组织中的每一个人理解并被组织文化证明，否则愿景和价值观是没有价值的。它们可能是马后炮，但其实，它们本可用来驱动整个企业的决策和行为。“价值观”的本质在于与每个人在个人层面上达成一致。

为你公司的价值观赋予生命力，使它们不再是网站、海报和咖啡杯上的文字，而是一种持续的挑战。好消息是讲故事能够帮助你，因为跟价值观一样，讲故事的本质也在于个人层面上的联系、鼓舞和激励。

价值观在哪里？

在工作中，我发现，如果领导者花时间去确认公司的价值观在职业和个人层面上对他们意味着什么，他们就能更好地将这些标准传达给其他人。

而且，当高层领导者花时间去学习在企业中讲故事的技巧，他们会更容易找到自己的个人故事，证明为什么他们能与公司的价值观产生共鸣。这是一种连锁反应：与公司伦理建立起个人联系，你会发现越来越多可以在工作中分享的故事，来证明你忠于这种价值观。

20 世纪八九十年代，组织在沟通价值观时遵循的模式都很类似，通常称为“推广演示”。公司价值观和使命宣言被印在精心设计的海报、鼠标垫和咖啡杯上，被印在公司名片的背面。“推广演示”就像一道象形文字的瀑布，从 CEO 或公司事务团队开始，在整个组织中倾泻而下。

尽管初衷可能是好的，也有一些公司取得了成功，但是这种努力通常意味着，员工在喝咖啡时也能背诵组织的价值观和使命宣言。这就像学会一首歌的歌词，但是永远不能真正理解一首歌唱的究竟是什么。与老师让学生背乘法表的方法也很类似。

尽管员工能够说出公司的价值观是什么，但实际上，他们说不出公司真正重视的是什么。

当人们试图向其他人解释这些信息时，它们也经常“在翻译中遗失”，特别是在公司以外。

从……那里听来的

价值观沟通的进步与软硬件的升级没什么不同。每一个新版本都应该改进操作，增强功能，修复以前的漏洞。今天，组织要成功地沟通它们的价值观，就需要从“推广演示”思维模式向“真材实料”

思维模式转变，从 PPT 演讲进化到我所谓的“小道消息网”。

每个组织都有小道消息网，每个员工都是其中一部分，参与其中，受其影响——无论他们自己有没有意识到！这是一个隐藏的、相互联系的故事网络，从一个员工传给另一个员工。不过，尽管小道消息网非常重要，却很少有组织或领导者对它给予应有的重视。

如果把小道消息网当成硬件，那么故事就是软件。如果无人管理，小道消息网中大多数故事都是负面的。你无法控制它，但是你无疑可以对其中流传的故事施加影响。这就是为什么关于公司价值观的好故事需要被引入小道消息网的原因。你可以通过有意识地分享那些践行公司价值观或者做出期望行为的人的故事来影响小道消息网。

下面的例子说明了真实的领导者是如何分享公司价值观的故事，以及如何与他们个人的价值观保持一致的。

去月球

安吉拉·米德尔顿（Angela Middleton）是 ME 银行的团队销售经理。2015 年，ME 银行提出了一系列新的公司价值观，要求每个执行团队对其中一条价值观及其对他们有何影响展开讨论。讨论将被拍成视频，在整个组织内分享。安吉拉选择了“去月球”这一条，并分享了下面的个人故事。

故事

当我第一次接触到这些价值观时，它们立刻与我产生了共鸣。

第一眼看去，我最喜欢的就是“去月球”。

后来，当我更加认真地审视这条价值观意味着什么，最初的兴奋感开始消退了。

它意味着做不同的事、改变世界，我喜欢。我还可以想到，它意味着跳出常规、献身投入，以及勇敢地去开辟新天地。但是——别害怕失败？现在我有点害怕了。我要跟你谈的正是这个……

当我想到别害怕失败时，我意识到在我的人生中，曾经做过几件义无反顾的事情。

我想起了在珀斯居住和生活的那段时间。我是在阿德莱德长大的，2003 年因为工作的关系搬到珀斯，但是到那里两年后，我仍然没有完全融入当地社会。我每周都要去东部各州旅行，这开始对我产生负面影响。而且，由于这些旅行，我很难真正交到朋友、建立社交网络。

2005 年一个星期六的晚上，我在家一边看《欲望都市》重播一边想，我到底在干什么？我一直想去墨尔本生活，而唯一阻止我这样做的就是我自己。

所以，在这家公司工作了 10 年后，接下来的星期一早晨，我去上班，告诉老板我要辞职。他问我去墨尔本要做什么，我回答“不知道”。我真的不知道，但是我知道我需要去开辟新天地。

我辞了职，前往墨尔本。

我有两只行李箱，在墨尔本有一个熟人，没有工作，也不知道自己要去做什么，但是还会有什么问题呢？

我记得飞机起飞时，安全带的提示灯关掉，轻轻发出“叮”的一声。正是在那一刻，我想，天哪，这真的发生了，没有回头路了！

我承认，我仍然害怕失败，但是我也对改变感到兴奋。我想，回头看时，你会说我有一点勇敢。

我大部分人生都在阿德莱德度过，从珀斯去墨尔本感觉就像去月球，我指字面意义上，但是你知道吗？我可以诚实地说，这改变了我的世界。

我习惯了墨尔本的生活方式，没几天就爱上了它。如果我没有离开珀斯，我就不会有为ME银行工作的机会，今天也不会站在这里。

我还能想到人生中感觉像去月球的其他情境，这让我相信，我们每一天都有机会去月球。

不一定是从一个国家的一头搬到另一头，但结果都是改变了我们的世界，或者改变了我们顾客的世界。

所以，别害怕失败。我总是这样告诉自己。让我们勇敢地去开辟新天地。

让我们设想，我们能够做出多么不一样的事，不仅改变我们的世界，而且改变我们顾客的世界。

☞ 结果

“我已经讲过无数次了，人们更认同讲故事的方式。”安吉拉说，“但是我仍然感觉很脆弱。”她补充说：

后来，人们说他们真的从我的故事中找到了共鸣，有时候，他们用我的故事帮助他们做出个人或工作决策。当时我去问了我的EA，因为我担心分享了太多内容，或者我的故事得不到认同。她说我的故事非常鼓舞人，她根本想不到我曾经做出过这样的决策。

蚊帐和婆罗洲

下一个例子来自斯蒂芬妮·亚当斯（Stefani Adams），她是澳大利亚邮政加速器公司（Australia Post Accelerator）的合作与参与主管。我喜欢这个故事，因为它强调了当你不能恪守价值观时分享故事的力量。有意思的是，分享一个对你的行为感到后悔的故事（悲剧故事）会让你更有信誉，因为这显示了你的自省能力和坚守你价值观的决心。斯蒂芬妮分享了她自己的这个故事，表明公司是如何尊重为其工作和与其合作的每一个人的。

故事

两星期后，我14岁的儿子亨利要去婆罗洲修学旅行。上周，我发现我跟许多下班后赶来开家长会的家长一样，焦虑不安地想要搞清楚我们的孩子在丛林里究竟会发生什么事。

他们的老师艾米丽主持家长会，她是个友善、活泼的姑娘，非常年轻。许多家长开始提出具体问题，比如，他们需要什么样的睡袋？他们应该带什么样的蚊帐？他们应该接种狂犬病疫苗吗？

艾米丽给出的简短、含糊的回答，显然不是我们这些关切（而且疲惫！）的家长想要的答案，我能感觉到自己也开始有点紧张了。

我在想亨利要不要打狂犬病疫苗的问题。作为家长，你会担心各种各样的事情，我觉得艾米丽没有给出我需要的答案。

我坐在那儿，问题层出不穷，我想，房间里的气氛开始变得有点对年轻的老师不友好。

我沮丧地转向亨利，低声说："这是浪费我们的时间，亨利。真的，我在这儿什么也了解不到。"

他看着我，说："妈妈，你知道吗，给她一点尊重。她只是太年轻，她已经很努力了。"他稍稍停顿了一下，接着说："而且她是这里唯一去过婆罗洲的人。"

我感到非常尴尬。我尴尬是因为那一刻，我 14 岁的儿子对其他人表现出比我更多的认识和尊重。

我自认为尊重每一个人并为此感到骄傲，说自己每天都在践行这样的价值观。但是，我的儿子亨利以一种礼貌、友爱的方式让我看到，事实不是这样，我需要注意到这一点。

☞ 结果

斯蒂芬妮的故事被拍成了视频，有时候我会在其他客户的讲故事培训中使用它。我注意到，显而易见，人们被这个故事打动了。它不是特别煽情，但是确实能与我们当中许多人产生共鸣，让我们想起自己没有恪守价值观的时刻——而且，我们为此感到后悔。

让奶奶为我骄傲

马修·里克（Matthew Ricker）是澳大利亚国家银行西维多利亚和塔斯马尼亚地区的零售总经理。马修分享这个故事已经有段时间了，但是在沟通澳大利亚国家银行“成为澳大利亚和新西兰最受人尊敬的银行”的新愿景时，他开始更多地分享它。请注意，这个故事比这本书中其他许多故事都要短得多。言简意赅的故事同样有效。

故事

20多年前，当我得知自己得到了澳大利亚国家银行的职位时，迫不及待地把这个消息告诉了我的父母。我回家分享这个消息时，奶奶正好在家，她为我感到非常高兴。

我还记得她说：“真是个好消息，马修，如果你努力工作，有一天你会成为银行经理的，现在这个社会，银行经理是很了不起的。”

回顾过去20年，我看到金融行业变成了什么样，我不认为现在还会有许多祖父母为他们的孙辈在银行工作而骄傲。

成为最受人尊敬的银行的新愿景让我兴奋，这意味着我们能让奶奶为我们骄傲了。

结果

马修说：

> 我一直与我的团队分享这个故事，而且无论在公司内外，

只要谈到澳大利亚国家银行的愿景，我就会分享它，因为它总是能引起强烈的反响。我把这个故事拍成了短片，完成后几星期，我奶奶就去世了。我非常高兴有机会分享它，并用它纪念我的奶奶。

直言不讳

米兰达·科瓦契奇（Miranda Kovacic）是澳大利亚一家大银行的高级经理。作为一名女性高管，她对支持其他女性和性别平等投入了很大热情，经常应邀出席女性活动。米兰达在每一场以打破常规为主题的活动上都分享了这个故事。

故事

我必须承认，我是一个 AFL 球迷。我知道，我看起来像个正常人。去年，我去看霍索恩队与西海岸鹰队的决赛。作为一个橄榄球迷，特别是一个霍索恩队的球迷，这可是一桩盛事。

天气非常好（32 度），阳光明媚，我系了一条黄褐色的头巾。我的座位在第二层前排，从这里霍索恩队看起来棒极了。

我和朋友旁边坐着一家人，有一个大约 10 岁的可爱男孩。遗憾的是，一个坐在团体席的家伙显然表现得有些出格了。他侮辱维多利亚人，这没问题，我甚至能容忍他对霍索恩队球员的粗鲁评论。

但是，当一个球员受伤流血，而他继续发表歧视女性的评论时，我不能再坐视不管了。相信我，那评论根本不值得复述。但它绝对侮辱了女性的尊严。

我在球场指南中看到过举报违背社会公德行为的短信号码，以前我曾经把类似的行为当成“正常的”来接受，但是这一次，我决定要做点什么。所以我给那个号码发了短信。他们在 15 分钟内做出反应，派人来跟那位“绅士”谈话，我真的很高兴。他马上收敛了很多。没人想看到那样的行为，我最不想看到的就是一个小男孩认为那样说话没问题。我们只有表明立场，才能开始根除这种恶劣的行为，不让它被视为“可以接受的”正常行为。

我告诉你这个故事，是因为它与我喜欢的一句名言是一脉相承的，玛德琳·奥尔布赖特（Madeleine Albright）说：“地狱里有一个地方，是专门为那些不互相帮助的女性准备的。”

帮助可以有许多表现和形式。可能是不轻易放过歧视女性的评论，或者对另一个刚刚度过糟糕的一天的女性提供精神支持。我感谢这些年来所有帮助过我的女性，作为 ICT 的高级经理，有了你们的帮助，我才能“打破常规”。

☞ 结果

不仅在故事的内容上，而且在故事的讲述方面，米兰达都收到了非常积极的反馈。“人们想知道我是从哪里学会讲故事的技巧的，还有一些女性说，她们有很多机会用它来传递她们的信息，帮助其他女性。”她说。

感谢这个故事，现在无论是在会议、团队培训还是日常生活中，米兰达都在越来越多地运用讲故事这一形式。

让你的故事卓有成效

这些故事显示了如何通过讲故事为你公司的价值观赋予生命力，你要做的就是用故事来解释这些价值观对你个人意味着什么。

在本书的第三部分，我们将考察三个组织，它们都成功地通过讲故事驱动了人们与价值观和愿景之间的联系。

不过首先，我们先来看下一章，如何用故事来沟通你的个人品牌——你坚持什么，以及为什么要坚持。

第9章

用于个人品牌的故事

无论你有没有意识到，你都拥有个人品牌。你的个人品牌是独一无二的，它就是你——你做什么、怎样做、重视什么，以及如何告诉别人这些。

这些都是商业中要考虑的重要事项，特别是如果你是领导者，或者处于权威地位的话。故事能够帮助你在沟通中保持“品牌”——无论是面对面，还是线上沟通。

“个人品牌”究竟意味着什么？商业管理专家、畅销书《个人品牌 50 法》（*The Brand You 50*）的作者汤姆·彼得斯（Tom Peters）发明了“个人品牌”这个术语。他说：“‘个人品牌’是一个实用的商业理念。这是在白领世界天下大乱的形势下幸存的方法。它也是关于机会和自由的。”

作家和演说家罗恩·迪尔（Ron Deal）说，你的品牌“告诉世界你坚持什么、你的价值观是什么、你的专长是什么，以及最重要的，世界为什么要关心这个”。亚马逊公司创始人杰夫·贝索斯（Jeff Bezos）把你的品牌总结为“你离开房间以后人们是怎样说你的”。

这些说法我都同意，不过说到讲故事，我相信你的品牌是你不在场时人们分享的关于你的故事。这显然受到你与他们分享的故事的影响。

记住，你分享的每个故事都会影响你的品牌。这是你最需要注意的，也是你需要在正确的场合选择正确的故事的原因（看完这本书，你就知道应该怎样做了）。

你的品牌 SEA

如果你的品牌是人们分享的关于你的故事，你就需要控制你的品牌，精心选择你与他们分享的故事。

一个强大的品牌建立在三个要素的基础上，它们是你的 SEA：

1. 战略（strategy）

2. 成长（evolution）

3. 真实（authenticity）

我来详细说明。

战略

你必须对希望别人如何看待你有战略上的考虑，然后使你的品牌与之保持一致。你需要清楚你坚持什么、为什么要坚持，并且坚定不移。

我曾经拒绝过一些工作机会，因为我认为它不适合我或我的品牌。你必须深思熟虑，满怀信心。

成长

你的品牌会随着时间成长和变化，你需要意识到这一点。很少有人现在的品牌跟他们 20 年前相同。你的成长是一个随着时间持续而渐进的过程。

我记得在学校时，得到的评价一直是我太安静了，应该多在课堂上发言。现在我是个主题演讲者。想想看吧。

真实

正如奥斯卡·王尔德说的："做你自己，因为别人都有人做了。"没有证据表明奥斯卡·王尔德真的这么说过，不过这是一句有争议的名言。假装成别人，或者选定一个你不可能做到或坚持的品牌，是毫无意义的。

假装成别人是很难的。人们会看穿你，被认为不真实会严重损害你的信誉、你的形象和你的品牌。除了你自己，别的人都不值得做，除了真实以及分享真实的故事，别的事都不值得做（详细内容参见第 2 章）。

三者缺一不可

我见过许多人做到了成长和真实，但是他们的品牌没有战略性，这不够商业。还有些人做到了战略和真实，但是没有随着时间成长，因此他们的品牌面临着不符合他们现在或未来的职业抱负的风险。最危险的组合是做到了战略和成长，但是缺少真实。这只会损害你的品牌。

简言之，三者缺一不可。一旦你做到这一点，你就打开了美丽新世界的大门，通向了讲故事的无限可能性。

实际上，你的个人品牌故事可以有多种不同的使用方式，包括其他章节中提到的：面对面培训、面试、演讲，以及通过线上的博客和新闻。因此，下面的故事也可以很容易地适用于其他章节。

不过在这里，它们是用来说明特定的经历是如何影响你的品牌和其他人怎样看待你的。

父亲节

第一个例子来自斯蒂芬·珀塞尔（Stephen Purcell），他是澳大利亚法律公司 DibbsBarker 的执行合伙人。作为新的执行合伙人，在 DibbsBarker 就任后不久，斯蒂芬在领英（LinkedIn）上分享了这个故事。他的主要信息是说明非正式导师和持续学习的重要性，但是当你阅读这个故事时，会发现它也说明了关于斯蒂芬的许多事，让你对他的品牌和他在坚持什么有了清晰的了解。

故事

如今，我们经常听说在职业生涯中拥有一个好导师的重要性。在工作（和生活）的不同阶段，找到这些能够教导我们、指引我们、鼓励我们、激励我们、挑战我们的人，其价值是无法估量的。

但是好的导师-学员关系不一定来自结构化的项目或正式请求。有时候，最好的导师可能是那些悄悄靠近我们的人，我们下意识地向他们学习，甚至连自己都没有意识到。

1977 年夏天，我 17 岁，刚刚完成高中学业。我发现面前有两所截然不同的大学的入学机会，我需要选择我的未来。第一个是师范类，学制三年，每年有 2 500 美元奖学金（!!）。第二个是悉尼大学的经济/法律双学位，学制五年，没有奖学金。

我在两个选择之间犹豫不决，告诉了我父亲。他毕业于我们今天所说的九年制义务教育。他是个木匠，从在一家建筑公司做学徒起步，可谓白手起家（后来买下了这家公司）。

一开始，我倾向于师范类奖学金。为什么？因为在我看来，它为我支付了一笔“财富”，让我在上大学期间不用打工，而且我的成绩刚够报考经济/法律专业——我将与一些最聪明的同学竞争，我觉得没有把握。我害怕会失败。

我选择了经济/法律。为什么？

我父亲（和母亲）问了我正确的问题，我知道无论我怎么选，他们都会无条件地支持我。你觉得你喜欢当老师吗？你想打工吗？为什么你不觉得自己足够优秀，能学经济/法律？你长大后想去哪儿？哪种可能性更让你激动？

过去的几天里，我经常回忆起那年夏天发生的事；或许是因为我儿子今年就要高中毕业了，或者因为这个周末是父亲节，或者因为一个月前我刚刚在 DibbsBarker 开始担任执行合伙人的新角色。或许是因为所有这些原因。

当时我没有意识到，是父亲在教导我。不是告诉我应该做什么，而是在教我用一种不同的、面对挑战的方式去思考。我从那次经历中学到了很多东西，可以用于我的整个职业生涯。包括以下要点：

- 问正确的问题。
- 倾听——真正地倾听。
- 不要选择简单的道路。

- 从大局和长期思考。
- 挑战自己，勇于尝试。

那年夏天以后，我发现这些东西可以在许多转折点上发挥作用——选择职业路径、接受新工作、建立新的客户关系、追逐新的商业机会，等等。

尽管一路走来我还有过许多其他导师，也希望在未来的年份里能够成为他人的导师，但我永远感激少年时代，那段正确的时刻、激励我选择正确道路的经历。

这是献给你的，爸爸，父亲节快乐！

☞ 结果

斯蒂芬这个故事得到了非常积极的反应，他相信这是因为它与许多有过类似经历的人产生了共鸣。“得到好的反馈感觉太棒了，以后我要分享更多的故事。”他补充说。

马拉松心态

这个例子来自黛比·普西肖约斯（Debbie Psychoyos），她是一家了不起的巴拿马非营利组织教育促进基地（Fundación ProEd）的创始人和CEO，这个组织旨在促进巴拿马教师和学生的教育发展。你会看到这显然是一个成功故事，黛比在一系列不同的情境中使用过它，包括本书其他章节介绍的场合。

故事

组织者告诉我们，要相信他们在发令枪响之前和我们分享的信息。“在每个补给站喝水。保持速度。到达终点线时高举双手，仰头向上看，微笑。”

作为一个第一次参加马拉松的选手，这些话对我毫无意义。一年的训练，包括3点钟起床、长距离拉练、体内碳水储备，以及之前我从没做过的足部治疗，做了这么多，完成又一个人生目标似乎是个合理的要求。

这是我和朋友之间一个有益无害的小约定，为了挑战彼此的身体极限，我们约定在下一次纽约马拉松中跑完全程。我们发现，这一挑战带来的精神压力远比在纽约五个区的街头磨穿鞋底的压力大得多。

一个从来没跑过步的人怎么在下一个周末跑完10英里？10英里怎么在一年后变成26.2英里？答案是：马拉松心态。

有要遵循的指南。要修改的规则。要忍受的纪律。最重要的是，有个人的决心和对自己的承诺。我做梦也没想过跑马拉松（作为三个孩子的母亲，我已经39岁了）。我做梦也没想过完成博士学业（在52岁高龄），或者创办一个非营利组织，支持一个发展中国家的公共教育（“9·11”悲剧发生后）。而且我知道，如果我没有做好心理准备、下定决心，我不可能做到其中任何一件事。

在为我的“马拉松心态”做准备时，很多其他人的励志格言鼓励了我。亨利·福特（Henry Ford）说：“无论你认为自己做得到还是做不到——你都是对的。”然后是耐克1998年的马拉松箴言：“肾上腺素会带你跑完前半程。毅力会带你跑完接下来的10英里。勇气会带你到达终点。”这些话每天都在给我的精神肌肉注入力量，即使现在我已经不再跑马拉松了。

跑马拉松的经验增强了我的精神决心，虽然我并没有“赢得”纽约马拉松，因为显然我做不到，但我冲过终点时还是高举双手，仰头微笑。我的成绩是4小时23分19秒。

跑完第一个（也是唯一一个）全程马拉松的影响并没有在终点线结束。事实上，这创造了一个开始。在一场马拉松的胜利中，有95%是精神的，5%是身体的。生活中大多数事情的成功也是如此。

神奇的是，精神能够忘记“身体的痛苦”——比如生孩子的痛苦（如果不能忘记，独生子女就要多得多了），以及跑完一场马拉松感受到的身体痛苦（马拉松职业运动员是忘记这种痛苦的冠军）。同样神奇的是，兴奋、骄傲和胜利之类的情绪能够提升我们的心智能力。

感谢1998年的马拉松经历，过去16年里，我冲过了许多终点线。跑完马拉松后的最初几年，我的家人会开玩笑说（不知道他们是不是真的在开玩笑）：“哦，不，马拉松的故事又要来了。”他们会耐心地让我重温那个时刻。

几年后，关于马拉松的一些记忆淡去了，我不再那么经常谈到它，但是4小时23分19秒的胜利带给我的激励和影响永远都在。

☞ 结果

黛比经常与她的团队分享这个故事，来强调在朝着一个目标努力时，遵守严格的纪律的重要性，鼓励他们在实现一个目标之后继续思考下一个目标。

她还说：

> 作为一个拉丁美洲发展中国家的非营利组织，我们经常要克服想象不到的障碍——从筹款到当局认证——我们努力聚焦于人们常说的“终点线”。当我们以稳定的呼吸和持续的步伐朝着目标前进时，有时候会放慢速度，处理某个意料之外的障碍（对于跑者来说，就像岔气和抽筋）。我们的挑战在于把目光投向终点线，不要损失太多时间和能量。马拉松长跑者知道，时间和能量是成功的基本条件。

生命太短暂，别浪费在洗盘子上

艾什瓦尔雅·饶（Aishwarya Rao）是埃森哲的一名管理顾问。艾什瓦尔雅通过工作中的不同媒介与同事和朋友们分享了这个故事，鼓励他们拥抱生活。这个故事说明了她的品牌和她最看重什么。这也是一个转折故事的范例。

故事

2013年，我被诊断出患上一种极其罕见的血液疾病，从激素到化疗，我开始与综合治疗作斗争。我的体重增加了22公斤，我患上了临床抑郁症。

从那时起，我的白天、夜晚、周末和人生计划，全都围绕着药物、检查、预约、住院、限制饮食、并发症和复杂的治疗程序展开。在其中一项特别复杂的治疗程序之前，我躺在消过毒的病床上，戴着我的“达斯·维达”呼吸装置，听到医生对我的同伴说：“只有50%的生存希望，你们明白吗？她的父母在国外吗？我建议你通知他们。”

50%的机会。就像抛硬币。

然后我陷入麻醉剂带来的沉睡，我的整个人生没有在眼前闪回。相反，一个转瞬即逝的念头是，如果我活下来，我要改变我的生活方式。我要与让我幸福的人一起，去冒险，去做让我快乐的工作，度过充实的一生。

生活中并不总是有彩虹、蛋糕和蝴蝶，但是生命太短暂了，不该浪费在那些不能带给我们快乐的事情上。

在跟各行各业的朋友聊天的过程中，我了解到他们面临的挑战跟我没什么不同。在每天的工作中，我们忍受了那么多——糟糕的行为、乏味的项目（又称“为集体牺牲个人利益”）、降薪，有时甚至还包括歧视和骚扰。

我请你停下来。停下来从大局思考。改变你看世界和做事情的方式。换个团队，换个组织，记住你可以对同事说“不”。开创事业，打起行李，给家人打电话，抽时间放松，关心你自己。谁知道我们还能有多少时间去做我们想做的事，去过我们想过的生活。

我喜欢的作家之一布莱斯·考特尼（Bryce Courtenay）在《做

梦的秘诀》（*A Recipe for Dreaming*）中说得好：“生命太短暂，别浪费在洗盘子上。”

忘记皱纹，开始真正的生活吧。

☞ 结果

“一个人听完这个故事非常感动，她找到我，眼里含着泪水，拥抱了我，说不是每个人都必须经历生死考验才能改变自己的生活。”艾什瓦尔雅说，“她说我是她的超级英雄，虽然我觉得自己配不上这个评价，但是我非常高兴能够活下来，分享我的故事，鼓励人们成为勇敢、快乐的人。”

蜕变的蝴蝶

马克·楚森（Mark Truelson）是位作家、演说家和蜕变导师。他生活及工作中的热情和目标都是关于“建设蜕变能力”的。当他想展示这种热情以及为什么他做的事情如此重要时，会分享下面的故事。这是有效地表现脆弱的一个范例。

故事

不久前，我自己的生活陷入了彻底的幻灭。我辞去了一份成功的工作，我的梦想是给工作中的人们带去热情，这份工作曾经让我做到了。

骤然间，我的世界颠覆了。我的妻子离开了我。分手令我失去了一切。我与三个可爱的孩子共度的时间被砍掉了一半。

我失去了原来的一切。反过来，我开始失去对生活的渴望和根深蒂固的帮助别人的热情。我成了自己的影子，我完全崩溃了。

有一天，我哥哥决定帮我结束这样一团糟的生活状态。他把家人和朋友聚到一起，决定用关爱来干预这一切。从那天起，他们给了我需要的支持和决心，打断我的自毁之路，让我重新发现生活的热情。

在这个过程中，我凭借职业天赋意识到，我内心的蜕变能力正是从里到外重建我的生活所需要的。

人们经常问我，为什么我的品牌标志是一只蝴蝶。这只蝴蝶总是在提醒我，自我、家庭和再造的力量。对我来说，它还代表着个人的蜕变——从我成功的职业生涯到后来的崩溃。我自己编织了一个坚硬的保护性的茧，我需要打破它，才能获得重生。

在家人和朋友的帮助下，当我意识到我的目标，我的生物形态发生了蜕变，破茧重生。

蝴蝶的四片翅膀还代表着我的四个孩子，包括夭折的卡拉，在她的葬礼上，我们用蝴蝶来悼念她的早逝。

我跟你分享这个故事，是因为我知道，我自己的旅程帮助我建立了内心的蜕变能力。我知道我能够帮助你，唤起你的企业家精神和创新精神，让你对生活充满热情。

☞ 结果

“当我从精神崩溃中恢复，我同自己约定，我不会掩饰它。”马克说。他还补充道：

我要把它放在台面上。我不会感到羞耻。我要诚实，我一直被看做一个积极、热情、充满活力的人。我明白，如果连我都会向抑郁和焦虑屈服，一定有很多人在默默忍受痛苦。我对自己说，如果心灵能够变得如此消极和偏执，那它也能变得积极而丰富。

让你的故事卓有成效

你在本章中看到的所有故事都在演讲、销售会议和培训课程中口头分享过，或者在网站、博客等处在线分享过。尽管讲它们的初衷可能是激励其他人采取行动，但是也表明，你如何能够运用故事来说明你个人的价值观和品牌，从而与其他人建立联系。

在下一章，我们将考察如何在培训中使用故事。

第 10 章

用于培训的故事

培训围绕着帮助人们进步、成长或者实现特定的目标展开。你可能是一个合格的导师，或者虽不是导师，但发现培训员工是你工作的一部分。如果你是一名管理者，无疑会在某个阶段扮演团队中的导师角色。

在任何情况下，培训的关键都在于激励。还有比讲故事更好的方法吗？讲故事是让你的团队成员或群体激动、兴奋、用新视角来思考问题的好办法，也是一个好机会。受到激励去做某件事，而不是别人告诉我们要这么做，这显然让我们更愿意承担责任。

有时候我们培训的人不认同我们传递给他们的信息，或者对我们的观点不感兴趣，特别是在绩效管理谈话中。不过，通过讲故事，你的培训对象可能会推迟下判断，并且挑战他们的思维。这个过程不是要告诉人们什么是错的、他们应该如何改正，而是让他们自己意识到这一点。

分享一个表现对某人特殊境遇的同情和理解的故事也很有效。这需要你表现出自己的脆弱。例如，如果你正在培训某个缺乏自信的人，你可以分享一个你曾经缺乏自信的故事。表现脆弱能够开启沟通，而沟通正是讲故事的本质。

在接下来的几页中，你会看到一些真实的故事，人们在真实的培训场景中使用过它们。在你自己的个人和职业生涯中，哪些故事可以用于一对一或团队培训课程？

运气眷顾勇敢者

乔治娜·劳里（Georgina Laurie）是专业服务公司埃森哲的市

场和公关经理。她应邀在一次虚拟会议上对参加过领导力联系项目的校友们讲话，这个项目旨在帮助那些身处领导职位的女性，或者帮助女性寻找领导职位，我也是合作者之一。乔治娜想要向这些女性传递的主要信息是，若要将她们从为期两天的项目中学到的东西（当然，包括讲故事）付诸实践，得靠她们自己。下面是她分享的故事。

故事

像大多数人一样，我在高中毕业那年学会了开车。或许跟大多数人不一样，我只学了自动挡。

上完大学回来，还是个穷学生的我发现，父母慷慨地给我买了一辆车。但是有个问题，这是一辆手动挡汽车。这辆车在我们的车道上停了三个月，积满了灰尘（没有开过），直到一个大学里的朋友说他要“教”我。这份慷慨很快就烟消云散了。

我们开出家门没多久，一边忍受轮胎的颠簸，一边试图流畅地换挡，险险避开了一两次事故。带着紧绷的神经，我们匆忙把车开回了车道上。

又过了几个月，一天晚上，我母亲说“是时候”让我学会开手动挡汽车了，让车子闲置在车道上简直“荒唐透顶”。她用一句谚语提醒我——“运气眷顾勇敢者”。

第二天早晨，我早早起床，跳上车子出发了。离开家门 10 分钟后，我来到一处早高峰车辆高速行驶的双车道环岛。很快就该我驶入环岛了。我两次熄火，向后溜车。我身后很快排起了长龙，司机们不耐烦地狂按喇叭。我的心狂跳不止。我真希望自己不在这里。不管怎样，第三次时我交了好运。我设法让离合器和油门同步，向前冲了出去。我很快就掌握了这项技巧。

那以后的许多年里，我都非常喜欢开手动挡汽车。事实上，手动挡汽车教会我宝贵的一课，在生活中，我们可能足够幸运，有人给我们提供使生活更便利的东西，但是我们可能让它们闲置，直到我们终于决定冒险投身其中，才能真正利用这些唾手可得的资源。

在埃森哲，我们非常幸运地拥有大量可以支配的工具和资产。在努力推动商业价值的同时，我们作为个人和集体，也有责任利用这些资源来实现职业和个人的发展。

☞ 结果

乔治娜的故事得到了非常积极的反馈，现在她会在更多的场合使用它。她说随着练习，讲述这个故事变得越来越容易了（跟开车很像）。她说："每次讲这个故事，包括在演讲中，我都努力重现那段经历。我相信这样做能帮我强调特定的字眼儿，在听众心中留下持久的印象。"

三振出局!

这个例子来自我自己的故事轮盘。当我给那些马上要做演讲但是缺乏信心的人做培训时，我会分享这个故事。当你对做某件事情缺乏信心时，我发现那种感觉有点像思考先有蛋还是先有鸡：你需要先有信心才能做一次演讲，还是先做一次演讲来建立信心？

我相信二者都有一点。当我指导人们第一次做演讲时，一种常见的想法是：这是我第一次演讲，我做不到那么好；观众会理解的。下面是我在这种情境中分享的故事。

故事

我20多岁时打过垒球，给其他比赛当裁判是游戏的一部分。一位经验丰富（通常有报酬）的主裁负责判断好球、坏球、本垒打和喊“出局!”。像我这样的边裁，经验有限，不过是懂规则，只要看着一垒或三垒即可。

几年后，有人让我担任主裁。我接受了邀请，因为我知道我能做到——还因为我心中有一个部分期待着喊“三振出局!”，就像你在美国棒球表演中看到的那样，富有戏剧效果。

不过，到了比赛那天早上，我的信心开始消退。逻辑上，我知道我能当裁判，但事实上我以前从来没做过，因此我开始怀疑自己。我去找资深教练和我们俱乐部的主席莉莉安聊天，向她解释我有点紧张。我告诉她，我准备在比赛开始前把两支队伍召集到一起，告诉她们这是我第一次当主裁，请她们别对我太严厉。莉莉安看着我说：“你不能那么说。你要像已经当过好多年裁判一样，你要响亮、自信地大声喊出判罚。”

这是最最宝贵的建议，就像说“在你做到之前，一直假装你能做到”——或者像TED演讲明星艾米·库迪（Amy Cuddy）说的：“在你成为某人之前，假装你就是他。”我花了大约10分钟假装，然后就成为了真正的主裁，喊出了有史以来最棒的“三振出局!”。

我甚至想过让球员知道我对自己的怀疑，现在看来这简直是疯了。他们要么会利用这一点，要么可能感觉自己受到了欺骗，因为控制比赛的不是一个经验丰富的裁判。

我跟你们分享这个故事，是因为当你走上舞台时，事情正是如此。你的观众期待你表现得足够职业。承认这一点吧，“在你成为某人之前，假装你就是他。”

☞ 结果

我使用这个故事的“安打率”很高，因为每个人都能理解其中莉莉安给我的忠告。这是最好的培训故事——应该在一定程度上表现脆弱的一个例子。这种类型的故事还表现出你对人抱有同情心，因为你曾经跟他们处在同样的情境，有过同样的想法，感到过同样的焦虑。

把握此刻，珍惜当下

这个有效的例子是一个悲剧故事，来自沙恩·诺蒂奇（Shane Nottage），他是新西兰电信公司 Spark 的一名中心负责人。沙恩用一种艰难的方式学会了工作-生活的平衡，他用这个故事来教育他的团队工作生活两不误的重要性。他希望团队努力工作，但是他也希望他们记住，工作只是他们生活的一部分。

故事

我没有受过正规教育，我的第一份工作是在加油站打工。我是在那儿遇见我妻子皮普的，她是我的顾客，会开车绕道来找我加油。几年后，我们买下了一座加油站，一起经营，我们每天工作很长时间，周末不休息，从来没有去度假。

但是我们有个计划：生儿育女，发展事业，早早退休，环游世界，享受天伦之乐，一起变老，在睡梦中死在彼此的怀抱中。

计划落空了。尽管我们仍然努力工作，但是我妻子开始头痛，她被诊断出患了脑癌。她动了脑部急诊手术，接受了几个月的化疗和放疗，病魔似乎被击败了。但是并没有。六个月后，她在家中去世，家人围绕在她身边。29 年来，我们从来没有分开过超过四天。

四年过去了，情况发生了改变。我的孩子们已经长大，有了他们自己的家庭，开始独立生活。我指派了更多的代表，花时间把优秀人才送到岗位上，我自己倒不是那么被需要了。我每年出国度假两次，圣诞节休假五周，花时间与家人和朋友一起环游国内外。没有皮普，这不一样了。遗憾的是，我们太迟了。

我希望你知道，你在工作中不是不可或缺的。生活会向你投曲线球，所以别等待，抓住机会。但是最重要的是，不要认为工作就是你的世界——你的生活和经历才是。工作只是其中一小部分。不要犯跟我一样的错误。不要把时间都花在谋生上，而忘记了如何生活。

☞ 结果

沙恩用了一年多，才感觉自己准备好分享这个故事，他说这样做仍然很困难。

> 有时候当我讲到故事的结尾时，会变得非常困难，眼泪和痛苦又一次淹没了我。但是，我觉得我需要分享这个故事，不仅与我的团队，而且与我的朋友和家人。对我来说，“把握此刻，珍惜当下”这一信息太重要了，因此我必须分享皮普的故事。

信任的代价

保罗·沃斯（Paul Worth）是生产力研究专家和《信息化组织》（*Getting eOrg@nised*）一书的作者。保罗用下面的故事来强调信任对交易和关联关系的速度以及对成本带来的影响，取得了良好的效果。他在一对一培训课程和讲习班上都使用过它。

故事

早在 2001 年，我们在机场的信任水平很高。我们去搭乘飞机时，很快就能通过安检，可能只有两三个安检人员值班。大多数时候，这些工作人员都很友善，整个过程不超过几分钟。高信任、低成本、高效率的服务——大多数安检人员相信，人们去机场是为了工作或娱乐。

然后，2001 年的“9·11”恐怖袭击事件改变了一切。从那天起，我们的安检人员的心理假设变成了任何人都可能是潜在的恐怖分子——从 90 岁的老奶奶、西装革履的商务人士，到带着两个孩子的孕妇妈妈。任何人都可能是潜在的恐怖分子。

现在当我们来到机场乘飞机，要排很长的队伍通过扫描区，至少有五个安检人员对我们进行仔细检查。我们被要求从行李中取出笔记本电脑、手机和液体物品。不能带喷雾剂，为了保险起见，我们还得脱鞋。然后，因为忘了解下皮带，报警器响了，我们还得回去。第二次经过后，提着裤子，收拾好所有的物品正准备离开，另一个工作人员拦住我们，要求检查行李中有没有爆炸物。这就是低信任、高成本和低效率的服务。

2011 年 4 月，我遇上了倒霉事。我在悉尼澳洲航空的休息室等待搭乘去墨尔本的航班，系统广播要求我们全体疏散，离开机场。所有候机旅客全部被护送出机场。等等，还没完——他们把所有飞机上的行李都卸了下来，所有商店的货品也被搬出了建筑物。这事涉及好几千人！

然后他们开始重新扫描重返机场的每一个人。记住，每时每刻还有源源不断的新旅客到达机场，有乘飞机来的（滞留在跑道上），也有乘汽车来的（超级大堵车）。你能想象这给所有航班、旅客、店主和企业带来的成本和破坏吗？

你一定会问："这次安全漏洞是怎么发生的?"是什么导致了这种对时间和金钱的巨大浪费？答案是：一台扫描仪断电，16 个人——没错，16 个人——在 5 分钟里没有被扫描就通过了安检。但是，即使只有 5 分钟里的 16 个人，我们也不能冒险。

我跟你们分享这个故事，是因为在我看来，它强调了低信任如何导致高成本和低效率的服务。

☞ 结果

保罗说他通常在关于信任的谈话开头分享这个故事。他让听众思考，在他们现在的系统和关系里发生的什么事情，可能是因为缺乏信任导致的。他说当他分享这个故事时，比他过去没有这样做时讨论的效果要好。

让你的故事卓有成效

本章中的例子显示，在一对一培训和辅导课程中，分享故事不需要受限，它们在培训教室的内外同样适用。

在下一章，我们将考察如何在工作面试中使用四种类型的故事，从而帮助你得到理想的职位。

第 11 章

用于工作面试的故事

你是否觉得自己参加过几百次工作面试但是一无所获？你是否考虑过，你是在用一种无聊而乏味的方式介绍自己？

正如我们看到的，专家已经从科学上证明，故事能够与人建立情感层面上的联系。讲故事是一种好办法，它以一种展示你个性的、吸引人的方式，说明你在个人和职业生涯中是如何处理特定的情境和问题的。

此时此刻，你可能没有在工作面试中使用过故事，或者没有正确地使用过，因此没能向面试你的人传达你的个性信息。

你可能分享过与工作有关的故事，证明你的技术、能力和经验——但是仍然不明白你为什么没有被选中。你符合所有条件，你能够胜任这份工作。但是还需要一些东西，让你在与其他合格候选人的比较中脱颖而出。

当你去面试一份工作，你要跟许多其他人排在一起。如果你准备分享的故事是与工作有关和与工作无关的组合，你就能展现出其他人没有的独特素质。听起来棒极了，是不是？

与时俱进

多年以来，受推崇的面试方法是行为事件访谈法（Behavioural Event Interview，BEI）。运用这种技巧，面试官针对特定的情境提问，比如，“告诉我一次你不得不面对愤怒的顾客的经历。你是如何应对的？”你可以泛泛地从理论上回答：“我表现出同情，理解顾客的抱怨，然后解释整个过程，以及为什么会这样。”

如果你是个面试老手，可能已经为这类最经常问到的问题做好了准备（用搜索引擎随便查一下，就能得到几千个结果）。但是有多少想得到同一份工作的人也会做同样的搜索、为同样的问题做好准备、以同样的方式回答它们？

能够让你区别于所有其他申请者的，是关于特定情境、关于你如何解决它的故事。例如，“有一次，一个顾客……我解决了这个问题，通过……”这有助于构建一个双向沟通的过程，你的面试官会接着问：“你为什么那么做？”把它想象成一次数学测验——得到正确答案只是其中一部分，你需要写明推导过程以及你是如何得到最终结果的。

故事如何起作用

还记得古希腊哲学家亚里士多德吗？他在 2 500 多年前设计了一个模型，直到今天仍然适用。亚里士多德说，要成功地说服和影响别人，你需要三个要素：

1. 理性（可靠的逻辑）——数据、事实和研究

2. 人格（个人的信誉）——你值得信任的程度

3. 情感（情感的联系）——你与别人以及他们与你相互联系的程度

当你处在一个像工作面试这样的情境中，你的主要目标是说服和影响面试官以及决策制定者，你是这份工作的正确人选。为此，你不仅需要提供你是正确人选的逻辑上的理由，还需要建立个人信

誉和情感联系，让决策制定者相信你，感觉到与你之间的联系。

最棘手的是，你需要比其他人做得更好，而且考虑到面试通常只有一个小时，有时候还更短，你需要用非常快的速度做到。

大多数人在工作面试中把太多时间花在了逻辑上。他们陈述所有的事实——例如，“我是这份工作的合适人选，因为我从事过类似的工作……有 20 多年的经验……我爱销售！”知道结果怎样吗？你给人的印象是无聊乏味，关键是，你似乎不是你要面试的组织的“合适人选”。

那么如何建立信任和赢得信誉，与你未来的雇主培养情感联系，从而得到你梦寐以求的工作呢？当然是讲故事。

让我们看一些经过实践检验的例子，它们曾在现实中帮助人们得到心仪的工作。

移民爱尔兰

这个例子来自罗斯·麦卡锡（Rose McCarthy），她是我最亲密的老朋友。罗斯和我从 11 岁就认识了，让我难过的是，她现在生活在爱尔兰。罗斯已经六年没有工作过，在一个新的国家，她知道她的简历已经过时了，与她要申请的职位关系也不大。在澳大利亚，她曾经是一家大公司的人力资源经理，但是她现在正在申请一间理疗室的兼职前台。她的简历中没有任何前台接待的经验，但是她知道她能胜任这份工作。

故事

四年前，我跟丈夫（他是爱尔兰科克郡人）和三个孩子从澳大利亚搬到爱尔兰，我一辈子都没离开过澳大利亚。我的大女儿梅芙要上小学了，所以我们想在她开学之前安顿下来。

做出移民的决定时，我记得我想，生命是一场冒险，我实在没有理由不去。我们打包搬到科克郡时，梅芙五岁零几个月，克莱尔刚三岁，迈克尔五个月大。十天后，梅芙开始上小学。

我的许多家人和朋友都说我们疯了，因为这会儿可能是最糟糕的移民时机。爱尔兰正处在经济衰退中，失业率极高，但尽管如此，我们还是抵达了科克郡机场。我乐观地想，每个人都在往澳大利亚跑，我们是全世界唯一在这个时候移民爱尔兰的人。我们没上新闻真是个奇迹。

我猜这证明我已经准备好了，愿意接受挑战，虽然我以前没有医疗机构前台接待的经验，但是我知道，做好这份工作需要什么。

结果

圣诞节前两天，罗斯带着三个孩子在购物中心购物时，接到了被录用的电话。她非常激动。

她分享这个故事是因为，她希望面试官不要把她看成一个面试者，而是把她看成一个妻子、母亲和愿意冒险的人。“我必须表现出简历上没有的东西。”她说。

我记得当我参加面试时，那位理疗师正怀着她的第二个孩子，我知道我们之间显然有某种联系和共同点。她问我在科克郡生活了多长时间，对我来说，分享我的故事的机会来了。

直言不讳

凯瑟琳，我的一个客户，想申请多元化与包容性部门主管的职位。在面试中，考官问她，之前没有人力资源管理的经验，她将如何从领导一个海外大团队转向领导整个组织的多元化与包容性相关的努力。凯瑟琳想要证明，尽管她没有人力资源的背景，但她拥有信誉、运营经验，以及最重要的东西——成功扮演这一角色的热情。她讲述了下面的故事，来说明是什么激发了她寻求多元化职位的兴趣。

故事

我始终相信性别平等，但是有趣的是，这对我只是一个抽象的概念。在我成长的世界中，身为女性从来没有受到过限制，我也不相信有这种可能性。直到我加入一个非常传统的由男性主导的组织和行业。

在我工作的地方，女性在全部员工中只占15%，很少有高管级别的代表。我在组织任职的 10 年里，一直是这类职位上唯一的女性，包括海外职位，尽管许多有能力的合格女性能够并且愿意胜任这一角色。一件事触动了我，让我决定投身文化变革，为我希望看到的世界的改变做出小小的贡献。

我参加了一个为期 12 个月的领导力课程，参与者是从整个组织中选出的。不过，只有不到 10%是女性。其中一个课程模块是脱产进行的，包括用一周的时间学习企业伦理。

作为一个伦理“困境”的例子，小组讨论的问题是，要不要追赶一个穿着绿色比基尼骑自行车的姑娘并朝她鸣喇叭（PPT 中加了很多动图和音效）。

另一项活动是给 10 张图片打分，几乎全是不同程度衣着暴露的女性，从艺术作品到色情图片。我发现这些活动完全不适合与伦理相关的讨论，尤其是有那么多其他有效的伦理困境可以用于小组讨论。我还发现它们冒犯、轻视女性，代表了一种更广泛的组织文化，贬低作为员工中少数派的女性的贡献，巩固蔓延全社会的有害的性别刻板印象。

尽管小组中的其他女性也跟我有同感，有些男性也是，但是大多数人因为害怕影响他们的职业发展，不敢表达他们对组织领导者的观点。不过我大声说出来了，因为我不能让这种事情继续下去。这一举动让我见到了组织中人员与文化部门的主管，我们在讨论了我刚刚的经历之后，我成为了领导文化变革的一分子，而且可以从组织的运营部门带来全新的观点。

☞ 结果

这个故事不仅证明了凯瑟琳对多元化和包容性的热情和投入，而且显示了她的领导力和诚信，她知道这些也是公司看重的。

凯瑟琳说，关于这个故事面试官又问了许多问题，她的回答令他们频频点头。

迎接挑战

比安卡·德里伯格（Bianca Drieberg）要申请一个内部公关经理的职位。她知道面试过程是一个机会，让他们看到她能够很好地融入企业文化，并且明确她的个性类型。于是，她决定在面试前准备一些个人故事来进行分享。

她被问到一个不太常见的问题："你是个什么样的人？"比安卡觉得，她的个性是由工作之外的她是谁决定的，因此她采用了一种个人的方式来回答这个问题，分享了下面的故事。

故事

我想最近的一次经历反映了我是个什么样的人。一个月前，我刚从欧洲回来，我在巴黎跑了一场马拉松，然后又在伦敦跑了一场。这非常有意思，也是巨大的挑战。

现在我已经跑过 12 场马拉松了，每一场都不容易。我追求更快的速度、不同的国家和特别的瞬间。巴黎马拉松就是其中之一。

光滑的鹅卵石路面是个挑战，但是天气非常好，我犯了一个新手的错误，过早地喝了太多的水，从大约 10 公里就开始感觉不舒服。我想这将是我第一次不能完赛了。我在沿途的医务人员跟前停下来，但是我知道我必须忍耐，继续前进。时间是拦在我和完赛奖牌之间唯一的障碍，然后我就能一边远眺埃菲尔铁塔一边吃晚餐了。

跑马拉松从来都不是一帆风顺的，我永远不知道那天身体的表现会怎样。但我总是争取开个好头，然后克服困难——我总是有始有终。

两场比赛的时间都不是我最满意的，但是这没关系。我已经做到了最好，我非常开心。有个朋友陪着我，她不参赛，但是在每场比赛中，她总是设法让我在场边拥挤的人群中看到她的身影。有时候，这就是我继续前进所需要的全部。分享我的马拉松经历，是因为我觉得它们确实体现了我是什么样的人，因为我在跑步和寻求新挑战中表现出的动力也会用在个人和工作生活的方方面面。

☞ 结果

“我在讲这个故事时有点太投入了，回忆跑马拉松的经历真的让我充满激情和活力。”比安卡说，“面试官（后来我发现他也爱跑步）对我的活力发表了评论。我相信要展现一个人对坚持的事物的热情与理解，再多的面试经验也比不上讲一个你自己的故事……我得到了那份工作！”

这是一个通过个人故事与面试官建立联系的范例。考虑到比安卡申请的是一个公关职位，证明她擅长讲故事也是有价值的。

我们跳舞吧

丽兹·厄尔（Liz Earl）要申请一个营销主管的职位。面试时，面试官问她最擅长在哪种类型的团队文化中工作。以下是她的回答。

故事

几年前，我开始学习成人芭蕾。这是我第一次学芭蕾，也是我第一次做类似的事情。我把它看成一次学习新技能的机会，我要彻底走出舒适区，帮助自己建立在观众面前表演的信心。

所有参加课程的女士都已经学了很多年芭蕾，一周内还要上其他舞蹈课，所以我知道自己需要补很多课。

在课程中，老师教给我们许多新舞步，然后不断重复，让我们记住这些舞步。一段时间后，我们要几人一组，或者一个一个地跳，好让老师仔细观察我们的个人技巧，提出改进的建议。

每当这种时候，没轮到的人就站在场边，给予欢呼和掌声。一些老学员会帮助新学员学习舞步。我们还一起制作服装，特别是那些擅长缝纫的人，还会帮助那些不会的人制作服装。

大多数时候，芭蕾是一项个人的运动，我们学习掌握自己的舞步。不过，到表演时，我们都有自己的角色，每个人的角色无论大小，对整个舞蹈演出都是重要的。

尽管舞蹈班的世界跟我的职业生涯截然不同，但我非常珍惜芭蕾中的团队精神。作为舞者，我们各有不同的任务。通过相互鼓励和帮助别人学习舞步，我们彼此支持。班上擅长缝纫的人帮助不会缝纫的人制作服装。

关键时刻，我们团结一心，贡献不同的技能和表现力，共同完成一场让我们所有人感到骄傲的演出——这是真正的团队合作。

☞ 结果

丽兹得到了那个职位，她显然非常兴奋。“这帮我展现出个人的一面，以及我是如何融入企业文化的，我想正是这些东西帮助我得到了这个职位。”她说。

丽兹还补充道：“在我的职业生涯中，讲故事仍然处于我的思考前沿。我真的改变了我的方法，会在过程开始之前考虑我的‘叙事’。”

让你的故事卓有成效

关于如何在工作面试中讲故事，我还可以举出更多例子（我在另一本书《如何在面试中讲故事》中已经这样做了），但是这些例子已经是很好的开始，证明在工作面试中分享故事能够帮助你与面试官建立情感联系。展示一点脆弱和你的个性能够帮助你从所有其他候选人中脱颖而出。

到目前为止，大多数故事都是在面对面的情境中分享的。在下一章，我们将考察你可以在新闻和博客中分享的书面故事。

第 12 章

用于新闻和博客的故事

到目前为止，本书中大多数故事都是在面对面沟通中分享的。不过，经常有人问我书面形式的故事是否有效。正如迄今为止的阅读经验告诉你的，它们当然有效！

如今，讲话占据商业活动中很大一部分，无论你是在向一个人还是 1 000 个人讲话。但是我们身处线上全球商业时代的事实，也意味着我们有更多的选择。

讲故事适用于新闻、博客、网站甚至电子邮件。在高层领导者当中有一个不断增加的趋势，那就是自己为团队写新闻（而不是让其他人代劳）。我们当中拥有自己博客的人数也在显著增长，这是通过附带商业信息的个人故事来与你的团队读者建立联系的绝佳机会。

与口头故事相比，写作书面故事时你的风格可能需要更加正式（只需一点点），更加注意句子结构和避免不必要的重复，不过你可以保持对话式的、个人化的语气。

在本章中分享故事的所有领导者都说，当你将讲故事的技巧用于书面语言时，你的沟通能力将获得十倍的增长。是时候从提供乏味的信息、事实、数据和更新转向分享带照片和图片的个人故事了。用照片搭配文字能够增强影响力和对员工的吸引力，让你的新闻和博客得到更好的反馈。

阅读下面这些在新闻和博客中使用过的真实故事。想一想，还能在什么地方通过网络或书面形式运用你新学会的讲故事技巧？

重构

我的导师和朋友彼得·库克有一个博客，在大多数情况下他都会用个人故事来传递他的信息。他非常擅长这么做，以至于我发现很难从中选出一个最好的例子来与你分享。所以我选择了两个。

第一个故事描述了他与年幼的家人的一次旅行，他的信息围绕着重构你的处境的重要性，特别是当它令你不愉快时。

故事

在旅行中，我的原则是“没有托运行李”。之前我曾在美国待了两个星期，只带了一只拉杆箱。不过，当我与家人一起旅行时，这条规则就被打破了。上个月我们去丹特里，打包了两只大行李箱、两个婴儿安全座椅、一辆婴儿车、两个登机箱、两个背包、一张便携式婴儿床……而且，我们误了飞机。

我们叫的出租车找不到我家，高速公路上发生了一起车祸，天在下雨，狗也跟着捣乱。我们到达机场前飞机就停止登机了。

我在服务台前查看我们能有什么选择。一趟三四个小时到凯恩斯的直飞航班会变成八个小时的严酷考验，需要在悉尼中转几个小时。我们带着一个需要睡觉的六个月大的婴儿，还要哄好一个四岁大的孩子，他恐怕不太能忍耐旅行中的延误。

这是一场灾难。但是在这个过程中，发生了一件有趣的事。

在服务台前，另外一家人站在我旁边。他们也有六个人（我的父母也跟我们在一起），同样误了去凯恩斯的飞机。主要的区别是，感谢我最近的美国之旅，我刚刚升级为白金客户。这意味着改签我们的机票不需要付费。

但是我听说另外那家人要花 6 000 美元。天哪！

有趣的是，由于得知他们的情况给我们这一天带来的改变。忽然间，这一天不再是一场灾难，而是我们省了 6 000 美元。我们的参照点从没赶上飞机变成了另一个家庭的遭遇。

最有趣的是，实际上我们的处境并没有改变。

人类的大脑更倾向于做出比较，而不是在真空中计算绝对值。地球上大多数人都会愿意待在我们这个没赶上飞机的处境中，多花几个小时，然后去享受一个迷人的假期……它的确很迷人。

我发现当事情出错时，一些东西对于改变现状非常有效。

首先是有意识地改变我的参照点——我拿自己的处境与什么相比较。在这个例子中，转变是自然发生的，但是不需要看到其他人的不幸，我也可以主动改变我的观点。

其次是改变我的时间框架。从整个季度或全年甚至十年的角度去考虑我的目标和结果。从未来十年的角度考虑，没有什么事情是那么重要的。

☞ 结果

彼得注意到，当他使用个人故事时，他的博客得到了不同的反馈："我写的关于个人故事的博客取得了最强烈的反响。一般情况下，个人故事的回复会翻倍，如果故事中包括我的孩子，会再次翻倍，如果还有我孩子的照片，会呈指数增长。"

不对称的鬓角

我要分享的来自彼得·库克的第二个故事是，他对于对称的鬓角有着强烈的执念。他想向思想领袖商学院的学生们传递的信息是，执着于细枝末节可能妨碍你实现目标。

故事

在我刮胡子的25年里，我对不对称的鬓角养成了轻微的恐惧症。我执着地要求它们完美对称。如果左边的看起来高了一点，我会把右边的也修掉一点点。然后如果我修多了，我会反过来再修左边的。我承认我能够容忍的偏差不超过半毫米。

多年以来，我花费了大量时间和精力修鬓角。最近我遇到了一件难忘的事。我从来没有注意过别人的鬓角是否对称。在我的整个人生中从来都没有过。我想到了这个问题，即我从来没有注意过任何人的鬓角是否也不对称。事实证明，我从来没有注意过除了自己之外任何人的鬓角。我猜其他人也没有注意过我的。

几个星期前，在思想领袖商学院，我遇到一位思想领袖，他正在考虑启动对各项自然健康业务的报价。他担心那些认识他的人在他的网站上看到这个消息会怎么想。

答案是他们什么都不会想。他们根本不会注意到。没有人那么关心这件事。每个人都陷在他们自己的世界里，不会关心这类细节。

同样，没有人会注意到你以前每周更新的消息已经一个月没有更新了。对不起——我们并没有每天早上屏住呼吸检查消息，期待着看到它。（所以如果你有一段时间没有更新了，不必道歉……其实没有人注意到。）

这并不意味着你不必执着于自己的定位，或者认为那并不重要，或者你应该到鬓角不对称的世界中来。这只是意味着你可以放松点。不要让细枝末节妨碍了市场和销售。

☞ 结果

当彼得坐下来写博客时，他遵循特定的程序：“让故事和信息相辅相成。通常我会想出一个我要说明的点，然后找到支持这个信息的故事。然后随着我讲述这个故事，信息也跟着发展。”不过通常，故事首先出现。“有时候发生了某些事，我必须要分享，然后信息自然而然地从故事中产生。”

我在博客中经常使用这种策略。当发生了什么有趣的事，我的孩子们经常说（一边说一边转动眼珠）：“你要把它写在博客里，是不是，妈妈?”是的，我会这样做。

两顶帽子

第三个例子来自戴尔·史蒂文斯（Dayle Stevens），她是澳大利亚国家银行的分行经理和首席信息官。她还是多元化方面的专家，经常就这个主题发表演讲和文章。以下是她的一篇博客文章。

故事

我七岁的儿子总是带两顶帽子去学校。每天晚上我都要拿出一顶，然后第二天早晨他再拿上第二顶，开始新的一天。如果说“不戴帽子不许出去玩”是规定，那么一顶就够了，为什么要两顶？我一直以为这是个错误，他不知道书包里已经有一顶帽子了。这种情况持续了一段时间，这个星期我终于问了他。他的回答令我大吃一惊。

我：你为什么总带两顶帽子去学校？

他：你不知道吗？如果我的一个朋友忘了戴帽子，他们可以找我借，这样就可以出去玩，而不用被留下了。

从他金子般的心灵带给我的骄傲中回过神来，我仔细考虑了他的社会意识和天生的理解与包容。我想，这是否代表着他这一代人拒绝排斥，将给世界带来改变？还是在成长的过程中，随着未来他将经历的风风雨雨，会逐渐失去这种品质？

我当场发誓，我要尽一切努力去保护他金子般的心灵，让他永远保持这种社会意识和包容心。

我还有了一种新的理解，那就是，包容心就像多带一顶帽子那么简单。

☞ 结果

“我在沟通中使用个人故事，因为我希望改变世界，而我不相信仅靠数据和逻辑就能做到。”戴尔说，“个人故事能够带来情绪和感觉，这些是激励人们改变的关键。”

她补充说：

人们对两顶帽子的故事的反应总是很积极。他们欣赏我儿子，更能理解我对包容心的热情，这些都没错，不过最重要的是，这样能激起其他人的好奇心，去探索他们自己关于包容心的经历，以及他们在创造一个包容的世界的过程中扮演的角色。这些从一开始就是分享这个故事的关键。

戴尔还注意到，她越是练习讲故事，就能在日常生活中看到越来越多的故事。“要么是我经历了什么事，意识到这是一个好例子，比如说是关于对顾客的热情方面的；要么是我有一条重要的信息要传递，需要到我的经历中去寻找相关的故事。”

真诚领导力

本章最后这个成功的书面故事来自埃森哲的商务总监林恩·纳弗塔利（Lynne Naphtali）（她婚前姓斯托里*，这个名字太可爱了！）。这是林恩第一次写博客，它是一个转折故事的范例。

故事

三个星期前，我听说了一位老同事科林·富尔顿（Colin Fulton）英年早逝的不幸消息。真是出乎意料。看到他的讣告时，我正在上班的路上，站在大丹农路口的人行道上，我当场就哭了出来。我已经几年没跟他交谈过了，至少十年没有跟他共事，但是当我站在那里读到他的讣告，我意识到我几个星期前还想到他，准备

* Storey，与故事（Story）谐音。——译者注

像以前那样时不时地去拜访他。

科林是我们在英国一个陷入困境的客户的第三或第四个委托账户管理员，我是合同管理员。当时的工作环境非常紧张，我们被告知一位领导已经从得克萨斯飞来。我在得克萨斯的奥斯汀大学待过一年，对这位空降赶来救场的硬汉形成了我自己的先入之见。毕竟，这个州的口号是“别惹得州”。

我还清楚地记得科林来的第一天——特别是在客户领导会议上把他介绍给团队时的情景。房间里挤满了人，科林比我想象的要谦逊得多。他带着悠闲的微笑坐在那儿，说话的语气非常温柔，以至于人们要在座位上探出身子才能听清他的话。我记得最初我很沮丧，他看起来并不适合这里，不知道他能坚持多久。一个这么悠闲的人怎么能控制局面？

不用说，科林后来让我们眼前一亮。他很聪明，有分寸，幽默，最重要的是，他是一个真正的绅士，作为领导者真诚得令人难以置信。他是一个强大的领导者，对艰难的工作负责，但是他也很会泡茶，会跟分析师聊天讲笑话，特别是如果他们误以为他是个新人的话。

这是我在听到真诚领导力这种说法以前很久的事，当时我没有真正领会到科林的风格对我的影响。现在转头回顾，我意识到他是我见过的第一位真实、自然的高层领导者，不靠咆哮和攻击就能开展工作。他的内在和外在自我是统一的，不必符合任何刻板印象或者遵循当时常见的强硬领导风格，就能获得成功。

十年后在上班路上回想起这些，我想起了所有其他可能受到科林影响的人，以及那些可能采取了一点那种风格并在他们自己的生活中建立起自信的人。

当我读到他讣告后面的留言，我意识到他对许多曾经与他共事的人产生了深刻影响。他不仅被看做一位伟大的领导者，而且被当成导师和征求建议的对象。他通常会提出富有洞察力的问题，让你自己得出结论。

虽然受他的风格影响是我们一起在英国工作时的事，但是直到现在，我仍然非常习惯英国的咨询风格，在那里时间就是金钱，个人说的话并不总是算数。事实上，我认为成功的道路上有太多“个人”的因素了。

后来，我在两年里生了两个孩子，又在同一段时间里“迁徙”了两个大洲。一年后，我重返职场，置身于澳大利亚这样一种截然不同的文化和工作环境中。这里的风格更加悠闲，老实说一开始我觉得很不习惯。我花了一段时间调整，意识到分享你的故事在职场中同样有效，甚至更有效。带着这种认识，或许还有母性，以及更多的成熟和信心，我意识到对我来说，认识人是工作中的一大乐事。

这种更加可见、更加脆弱的新认识，帮助我们所有人变得更加个人，也更加职业。我已经投身其中，发誓要分享更多的故事。

这就是我的第一篇博客。我准备谈论更多这类令我感动的话题，也希望你能分享你的想法，帮我用一种真诚的方式来领导团队。我希望以这种方式纪念这个非常特别的人，让自己继续努力，争取成为我能做到的最好的领导者和最好的人。

☞ 结果

林恩的博客故事收获了很多积极的反馈，相信这让她跟她的团队更亲近了。她说："现在，我每个月向我的团队发表博客，也对外公开发表一些。讲故事具有涟漪效应，通过分享这些个人故事，我遇见了许多有理想和有趣的人。"

林恩还补充说：

> 每次我写下或讲述一个新故事，都努力建立在过去经历的基础上。我用一种与以前不同的方式加工和表述它。我有几个值得信赖的顾问可以征求意见，不过通常，我觉得做练习能让讲故事变得更容易，而且从我们每天的生活中都可以汲取很多灵感。

让你的故事卓有成效

第二部分到此结束，其中的例子涵盖了口头和书面形式的各种各样的故事。在下一部分，我们将考察三个将讲故事引入整个职场和文化的组织。

为了讲故事，它们面临怎样的挑战？它们采取了什么样的过程，将讲故事引入组织文化？结果如何？它们从中学到了什么？

第三部分

讲故事案例

本部分中的章节提供了一些篇幅更长的案例，表明组织是如何拥抱讲故事的概念，将其引入职场的。如果你是一位小企业主或者跨国公司的CEO，我敢肯定你会发现这些案例非常有价值。我希望通过记录这些组织采取的过程、它们在整个过程中学到的东西和最后的结果，能给你勇气和信心，帮助你在自己的公司中实践讲故事的方法。

第13章

澳大利亚邮政案例

澳大利亚邮政是一家自筹资金的政府企业，在全国有大约 36 000名员工。其核心业务仍然是信件和包裹服务，但是现在，组织也通过超过 4 000 家邮局提供商品零售、票据支付和存款等金融服务。

技术从根本上改变了我们的生活方式，这对邮政服务产生了相应的影响，更多的顾客选择网购，邮政服务的业务量锐减。随着顾客期望的变化，澳大利亚邮政也必须做出改变。

挑战

澳大利亚邮政始终拥有很强的顾客服务意识。2015 年，它们计划重新调整现有的顾客焦点，推出新的共同价值观［由澳大利亚邮政和星道快递（Startrack）共享］，并开展一场全新的品牌活动。

企业文化主管劳伦·特里索恩（Lauren Trethowan）发起了一个参与项目，帮助每个人理解新价值观并与之建立联系。之前在普华永道工作时，劳伦进行过许多次大规模的组织变革，取得了不同程度的成功，所以她知道什么有效，什么行不通。不过，这一次变革比她之前经历过的规模都要大。

机会

变革计划称为“葡萄藤”。葡萄藤，即小道消息网（在第 8 章中介绍过），是存在于所有组织的核心的隐藏网络，通常不会被公开承认。每个员工都是其中一分子，无论他们自己是否意识到了。你不能控制小道消息网，但是你可以影响它，这一点经常被忽略，特别是在大规模的变革计划中。

澳大利亚邮政的葡萄藤计划背后的理念是介入组织中一个有影响力的群体，他们在驱动所希望的思维和行为变革中发挥着关键作用。这是一个探索公司文化、嵌入新价值观和获得有效故事的机会。

澳大利亚邮政要沟通的五点价值观是：

1. 随时随地的安全
2. 尊重每一个人
3. 互相帮助
4. 每天都有进步
5. 让我们的顾客高兴

过程

劳伦解释说，在计划的执行层面上，“创造一种让人们感觉安全而舒适的环境，自由地表达他们的观点而不必担心评价或反响”是至关重要的。她补充道：

> 我们不仅需要让计划给参与者带来积极的影响，而且要让他们回到各自的团队以后，给他们周围的人带去积极的影响，就像在小道消息网中自然而然地发生的那样。

葡萄藤计划通过为期两天的活动展开，有来自澳大利亚邮政各个部门的参与者以及外部促进者和专家，包括 Conversant 的全球合伙人和总经理科林·皮德（Colin Pidd）以及我本人。

澳大利亚邮政的首席客户官克里斯汀·科贝特和包裹与电商服务执行总经理鲍勃·布莱克（Bob Black）成为葡萄藤计划的负责人，将在随后的葡萄藤研讨会中发挥积极的作用。

选择正确的团队来参加活动，对葡萄藤计划的成功至关重要。人力资源部门与每个业务部门的高管团队合作，选择组织中不同层级和部门中最有影响力的人。整个葡萄藤的概念取决于当这些员工介绍他们的经验时对团队的影响。

活动中分享了关于公司价值的个人故事。围绕团队成员在活动后可能被问到的问题、他们的反应如何，以及为了在整个组织中制造积极的涟漪效应，可以分享哪些相关故事，他们提前预留时间来制定行动计划。这些个人故事不仅在活动当天被分享，还被录制成视频或音频，通过澳大利亚邮政的内部平台分享。

葡萄藤的故事

在葡萄藤活动中，围绕公司的五个价值观分享了五个故事。

随时随地的安全：斯科特·曼塞尔(Scott Mansell),SA/NT/WA 地区人力资源经理，包裹服务部门

大约八年前，我觉得在圣诞节给我的妻子买一辆自行车是个好主意。她很喜欢户外活动，而且对自己做的每件事情都坚持不懈。

出乎我的意料，她转过头说："我不能骑自行车。"我理解她的意思，是"我不会骑自行车"，而不是她真的不能骑自行车。

她决定试一试，于是我们朝着公园的方向出发。当我们来到道路转弯处时，她开始尖叫："我该怎么办？我该怎么办？我该怎么办？"

我朝她大喊："转弯！转弯！"我觉得这是合乎逻辑的选择。

她撞上了路肩，从车把上翻了过去，擦破了膝盖，扭伤了手腕，着实吓得不轻。

对我来说，这是个顿悟的瞬间，因为我应该对她的安全负责，我对不起她。我让她失败了。

这让我想起了工作中一个类似的情境。

每天都有新人来到我们公司。我们经常假设他们知道自己在干什么，因为他们是干这一行的，但事实并不总是这样。

随时随地的安全是每个人的责任，这对我来说非常重要。

尊重每一个人：保罗·凯利（Paul Kelly），变革经理，实践社区、业务优化和效率部门

今年澳大利亚邮政参加了墨尔本的骄傲游行（Pride March），这是夏季嘉年华和骄傲网络（Pride Network）的一部分。

那是美好的一天，游行队伍沿着菲茨罗伊街行进。我的朋友克莱顿加入了我们，在这一天身为澳大利亚邮政的一员真是了不起。我们都穿着印有"邮政骄傲"字样的T恤。街上的每个人都很高兴

看到我们，身为澳大利亚邮政的一员，得知人们有多么支持我们，给我带来强烈的自豪感。

在回家的路上，克莱顿有点沉默。我问他还好吗，他告诉我，他感到沮丧，因为他的公司永远不可能支持这种活动，他们没有像邮政骄傲网络那样的东西。他说他希望在他工作的地方也能有这种彼此尊重的共同价值观。他的话让我意识到自己有多么幸运，因为澳大利亚邮政尊重多样性，包括每一个人的每一天。

互相帮助：乔纳森·斯内林（Jonathan Snelling），高级产品经理，澳大利亚邮政国内包裹服务部门

我们全家——我、海伦和我们的四个孩子——踏上环游新西兰的家庭公路之旅。作为一个大家庭，我们租了一辆塔拉格。

我们步行去了一个叫做弗朗兹·约瑟夫冰川（Franz Josef Glacier）的风景优美的地方，一天结束时带着满足和疲惫回到停车场。接着，我注意到塔拉格的后轮胎扁得像块薄饼。

当我准备换轮胎时，一些人经过我身边，说："伙计，需要帮忙吗？我们能帮把手吗？"

我总是回答："不用，没事。我能应付。没问题。"

不管怎样，事情不是那么顺利，我花了差不多一个小时才换好轮胎。一直在下雨，我全身溅满了泥水。家人也开始有点儿不耐烦，可以理解，他们只想早点回家。

当我们坐进车里，终于可以上路时，八岁的儿子杰克插嘴说：

“爸爸，你为什么不接受别人的帮助？为什么？你为什么不接受？你知道，我们本来早就可以换完轮胎，这会儿已经到家了。”

事实上，他是对的，我知道我不接受帮助是因为我的骄傲和自我。所以，我从我八岁的儿子那里学到了保持谦卑，放下骄傲，接受其他人的帮助。

每天都有进步：艾登·特纳（Aiden Turner），澳大利亚邮政高级经理

2013 年，我的体重达到了 170 公斤，我开始了自我完善之旅。我想这件事真正对我产生影响的地方在于，一开始我不知道要做什么或者怎样做，于是我走进健身房，以为我能做的，就是踏上跑步机跑步。

但是当我来到健身房，踏上跑步机，我发现我不能跑。

我能做的就是尽可能地快走，能走多久就走多久，我每天都坚持这样做。每天我都在速度或者总时间方面有所进步，直到有一天，我在 1 小时内走完了 10 公里，我想我还能走得更快一些……于是我开始在 1 小时内跑完 12 公里。

我不断进步，三个半月后，我完成了人生第一个马拉松：42 公里。

这给我留下了深刻的印象，我为自己感到骄傲，对我现在做的每一件事也越来越有信心。

这就是每天进步一点点。

让我们的顾客高兴：马克·福斯特（Mark Foster），包裹产品专家，SMB 产品销售，商业和产品部门

我们生命中都有特别的人，对我来说这个人就是我两岁半的小女儿。从她六周大开始，每个星期六早上都是我们的亲子时间，我会带她去咖啡厅喝咖啡。

现在，她能自己走进去，为我点单，得到自己的婴儿奇诺——每个月一次，店主给她一块免费的微笑饼干。

离开时，她去付账，店主则把她抱过柜台，跟她一起操作收银机。接下来几个小时里她会不停地说起这件事。

我看着他们，思考生活中那些能让人们微笑的简单小事，想到工作时，我们有那么多机会让顾客感到高兴。我们做的一件小事就能让他们脸上露出微笑。

☞ 结果

2015 年 8 月，葡萄藤计划在整个企业的 100 名员工中试行，取得了巨大的成功。在澳大利亚的四个州又举办了 10 场研讨会，到目前为止，这项计划已经有超过 1 000 名员工参与。

参与者在为期两天的葡萄藤研讨会开始和结束时分别接受调查。针对四种表述，参与者要回答同意或不同意，表 13－1 显示了葡萄藤研讨会召开前后的结果。

表 13-1　澳大利亚邮政：葡萄藤调查

表述	葡萄藤之前	葡萄藤之后
我能信心十足地解释我们澳大利亚邮政的共享价值观。	50%同意	97%同意
我对关于澳大利亚邮政的新品牌和文化的谈话充满信心。	50%同意	88%同意
我理解澳大利亚邮政要成为一家领先的电子商务公司意味着什么。	76%同意	94%同意
我会推荐朋友和同事到澳大利亚邮政工作。	78%同意	85%同意

研讨会后的参与者感言包括：

- “遇到那些 30 多年后仍然保持活力、热情和好奇心去挑战现状、继续前进、拥抱变革的邮政人真是太棒了。他们非常鼓舞人心。”
- “一开始介绍讲故事的想法时我有些不以为然。现在，通过讲故事来传递商业信息的力量让我深受启发。”
- “我喜欢你在沟通中鼓励想象力和创造力的方式。”
- “不可思议的两天！澳大利亚邮政有这么多有意思的人，我感觉跟公司和我们的目标联系更紧密了。讲故事的能力将伴随我一生！真高兴看到我们的领导者一起学习。”
- “澳大利亚邮政致力于变革和文化价值观，这令人感到安心。葡萄藤研讨会就是一个很好的证明。”

除此以外，最近进行了一项整个企业员工敬业度调查，比较了参加过和没有参加过葡萄藤研讨会的澳大利亚邮政员工对组织及其价值观的感受。以下是一些主要结果。

1. 总体而言，参加过葡萄藤研讨会的员工的敬业度提高了 13%。

2. 参与葡萄藤研究会的员工为组织目标感到骄傲的比例提高了 19%。

3. 参与葡萄藤研究会的员工与组织价值观的联系改进了 13%。

4. 至少有一名成员参加过葡萄藤研讨会的团队整体敬业度更高。这表明人们回到自己的工作岗位以后，分享了他们学到的东西。

葡萄藤计划还在继续深入开展，通过新的小组成员、文章、视频、故事以及演讲嘉宾和顾客，为研讨会注入新的内容，形式也在不断发展变化。

作为葡萄藤计划的成果，劳伦·特里索恩和她的文化团队入围了 2016 年澳大利亚人力资源奖和 APS 卓越工作奖总决赛。

让你的故事卓有成效

在澳大利亚邮政，讲故事日益成为在一个高度分散的网络中传播信息的可靠而高效的渠道。这个案例表明了积极的故事能够渗透进组织文化，提升公司的自豪感。

在下一章中，我们将考察全球医疗服务提供者保柏集团是如何用讲故事来迎接挑战的。

第 14 章

保柏集团案例

保柏集团是全世界领先的医疗健康组织，在 190 个国家拥有超过 3 200 万名顾客。2014 年，由于几次并购，公司规模急剧扩大，员工人数从 40 000 人增长到了 80 000 人。

每家新并购的公司都带来了不同的文化、价值观和愿景。因此，2014 年年底，保柏集团澳大利亚和新西兰内部公关主管丽兹·杰雷米亚（Lizzy Geremia）和她的全球内部公关同事们一道，受命推出一套全新的保柏共同价值观体系，并使其嵌入整个组织。

挑战

这不是你日常对价值观进行的修修补补。这个任务要对全世界所有新收购的公司各种不同的价值观加以整合。

保柏的执行团队选择了七条核心价值观来支持他们著名的目标："帮助人们度过更长久、更健康、更幸福的人生。"

保柏的七条全球价值观是：

1. 热情
2. 关怀
3. 开放
4. 真诚
5. 责任
6. 勇敢
7. 卓越

作为职业沟通者，丽兹的第一反应是："三条怎么样，或者四条？但不要是七条。”

她拿这个数字去问澳大利亚和新西兰地区总经理迪恩·霍尔登（Dean Holden），他是决定价值观的全球组织成员，对它们充满热情。他说：“丽兹，对我来说，成功不是每个人都能告诉我这七条价值观是什么，而是它们充实了我们的组织，成为我们文化的一部分。”

挑战开始了！

机会

价值观要在全球传播，但是首先从 2015 年 2 月初由澳大利亚和新西兰公司召开的一个为期两天的总裁会议开始。丽兹认识到在澳大利亚和新西兰第一次正确地沟通价值观的重要性，这一次的成功可能成为全球其他地区的模板。丽兹说：

> 当我仔细斟酌每一条价值观时，我想，我们必须通过讲故事让它们鲜活起来。我们有关于真诚、开放、热情和勇气的价值观，讲故事正是关于这些的。全球内部公关团队的一个目标就是通过讲故事的透镜嵌入这些价值观——我们要保证推出这些价值观对我们的员工是一次丰富的经历。

丽兹还希望用她传播这些价值观的方式来实践它们，因此她觉得以一种开放、热情、勇敢和真诚的方式呈现这些故事是很重要的。

那时候，保柏的一些领导者已经成功地把讲故事当做沟通工具，不过，不是每个人都掌握了这项技能。所以，丽兹知道他们需要培训领导者如何有效地讲故事。

过程

最初，从澳大利亚和新西兰选出了七位领导者，每个人的任务都是在为期两天的会议上分享一个个人故事，传达保柏的一条价值观。每位领导者可以选择他们要讨论的价值观。丽兹说：

> 我让加布里埃尔教这些领导者讲故事，为他们提供指导，帮助他们找到正确的个人故事，并以有影响力的方式讲述它们。新价值观将在会议的第二天揭晓，七位领导者将走上讲台，逐一分享自己准备的故事。不过，外部促进者曾希望在上午首先听取每个人对第一天的总结报告，这使得计划几乎流产！

丽兹实践了保柏关于勇敢的价值观，她指出这样做对推出价值观的影响。她敦促总经理让七位领导先发言，这样故事就足以说明问题，并且从一开始就与观众建立起联系。

参加会议的许多领导者仍然对第二天充满故事的开场记忆犹新。

保柏的七个超级故事

这里有七个故事，每一个都推出了保柏的一条全球价值观。

热情：约翰·里佐（John Rizzo），战略主管，保柏集团澳大利亚和新西兰分部

自从我记事起，我母亲就与我们社区中智力和身体残疾最严重的年轻人一起工作。她对这件事的热情成了我少年时代的背景。

当我 14 岁时，母亲开始了一项开创性研究，探索这些学生的内心世界。在他们眼里，世界是一个巨大而恐怖的地方，是为与他们不同的人设计的。跟这些运动、声音、光线以及我们这些人同处一室，是一种可怕的经历。

母亲的研究提出，可以创造一间所谓的“感官”教室，一次只允许一种感官被激活。起初，母亲面临着巨大的障碍。没有预算，要争取资源倾斜，还要让与她共事的老师和家长们买账。

我的整个少年时代，晚餐时的谈话经常围绕着母亲正在进行的研究、她的筹款情况，以及她克服的一个又一个困难展开。尽管有那么多理由放弃，但是母亲的热情始终驱动着她。

漫长的五年后，资金到位，教室开放了，我们的晚餐谈话变成了分享母亲的学生取得的成功和突破。母亲开始为教室里所有学生制作剪贴簿。她爱他们每一个人。

当我想到热情，我就想到我的母亲。她充满力量和灵感，克服了面前的每一个障碍。她有信念，并且准备好为之奋斗。

现在，那间教室还在她墨尔本的学校里，改变了数千人的生活。我的母亲仍然在跟他们一起工作，仍然爱着他们，仍然热爱她所做的一切，并且仍然保留着所有的剪贴簿。

关怀：布伦特·班尼特（Brent Bennett），健康战略与运营主管，保柏集团

我 20 多岁时，有一次去悉尼娱乐中心听托尼·罗宾斯（Tony Robbins）的演讲。托尼带领拥挤的观众经历了一趟过山车之旅，从大声尖叫的顶点到深刻的理解和反思。

我不是特别吃这一套，不过他说最后他会给我们一件特别的礼物，我一整天都惦记着托尼的提醒。会是什么礼物？购物袋？他在门票上附了奖券，所以一定会有大奖。

一天快要结束的时候，他又一次用他的特别礼物引起了观众的关注。礼物是这样的：

> **今天，你离开这里后，花点时间去一家老年护理中心。花点时间跟一位住在那里的老人聊天，他们可能已经有一段时间没有访客了，没有人花时间跟他们聊天、听他们说话、关心他们。牺牲一点你的时间，就能给别人带来莫大的快乐，你会发现，他们的感激会给你十倍的回报。**

多年以前，我没有接受托尼的礼物。但是 25 年过去了，我回想起这个故事，终于理解了他的信息。18 个月前，我岳母住进了护理中心。我的妻子吉尔和其他家人经常去看望她，但是许多老人并没有访客。

第一次去探望她时，看到那些老人令吉尔非常难过，他们盖着白床单，安静地坐着，目光空洞。今天，一切都不同了。她知道每

个老人的名字，了解他们的故事，向他们问好和道别，许多人热情地回应她的招呼和飞吻。

我也终于兑现了托尼·罗宾斯的礼物。我关注着其中几位老人，特别是加里，他比我大不了多少，但是已经与那些比他年长三四十岁的人一起在护理中心住了十年。花时间聆听，表现出一些同情，制造一点笑声，表现出你关心他们，现在我离开时总能感觉自己做了点什么……这让我变成更好的人。

开放：蒂娜·帕特森（Tina Paterson），职能转换主管，保柏集团

去年圣诞节，我正把烤好的火鸡从烤箱里取出来，我五岁的儿子安格斯看到了，说："妈妈，那不是一只真的火鸡，对吗？"

我不知道你有没有试过把火鸡从滚烫的炉子里拎出来，它非常重，我正努力把它弄到台面上，所以我不假思索地回答："是的，安格斯，它是真的火鸡。"

他因为我们吃的是一只真的动物而感到恶心，于是拒绝吃火鸡。（他仍然吃火腿，因为他还不能把火腿与动物联系起来，因为它不叫动物的名字，我也不打算告诉他。）

一个星期五的早上，我们照例去附近的咖啡厅，安格斯开始询问关于吃其他动物的问题，明白了牛排实际上是从牛身上来的，火腿和培根是从猪身上来的。他告诉我他要做一个素食者。

我心里想的是，每天晚上为家人准备两种晚餐意味着什么，以

及如何让他获取足够的铁和蛋白质？一个这么小的孩子做出这种决定，让我不能理解。我极力劝阻他，甚至建议他吃鱼应该没问题。他看着我说："可是妈妈，它们都是动物。"

今天，当我要讨论"开放"的价值观，我想起了安格斯，以及他是如何用一种未经过滤的眼光看待事物的。他在通过一种人道主义的眼光看待人类与动物的对与错。他总是从不同的视角看问题，当他告诉我他要做一个素食者时，我就没有做到。

从什么时候起，我们开始下意识地对观点加以过滤？随着年龄的增长，我们似乎变得更聪明了；我们的经验意味着，我们通常可以从实际的角度看问题，因此不像以前那么开放了。

想象一下，如果我们像一个五岁的孩子那样，用未经过滤的眼光看待事物……对不同的视角保持开放的心态，去真正地聆听和理解。试着想象一下，我们能做到什么。

真诚：格雷格·麦克弗森（Greg McPherson），总经理，保柏眼科

对我们大多数人来说，生活离不开名片。它告诉别人我们是谁，我们的头衔是什么。我们的价值在很大程度上与这张小纸片联系在一起。

如果把我的名片翻过去，非常仔细地看，会看到一幅不同的景象。那是一个板球场，球场上都是些十几岁的男孩子。在这里，你会被问到不同的问题，比如，"你儿子是击球手还是投球手？他们

能守住吗？他们能领先吗？你怎么样？你能帮忙吗？你会来吗？你会计分吗？”我讨厌计分。

对我来说，这个球场实际上是属于我儿子米切尔的，他热爱板球。事实上，正是在这个球场上，他和朋友们学会了成为一个团队，合作、玩耍、相处，意识到有时候你能赢，有时候不能，培养了运动员精神，以及最重要的，开始发现他们自己是谁。

他们必须搞清楚，他们是否对彼此真诚，是否愿意成为球队的一员。他们所说的、所做的、所想的一切，都是彼此联系的。因为当你一周接一周、一年接一年地打板球，作为一个十几岁的孩子，你不能装假。他们必须真诚，事实上，他们也在学习真诚。

对于我们这些消磨了许多时间的家长来说，大部分是父亲，也有少数母亲，这提醒我们为什么要带他们来打板球。我们带他们来，是因为他们对体育运动的爱，而且他们希望我们也能感受到那种爱。

这也提醒我们要真诚，因为作为家长，我们也很难装假。“爸爸，看到我接球了吗？”当然。“看到我刚刚打进的球了吗？我差点接到的那一球怎么样？”我们装假时他们会知道，我们真诚时他们也知道。所以对我来说，当我坐在另一个爸爸旁边，他问我“你是谁”时，我只是转过头回答：“米切尔的爸爸。”

责任：安东尼·奥茨（Anthony Oates），法律-健康服务和M&A主管，保柏集团

去年，我的女朋友克里斯蒂在非洲度过了一段时间。她要去加

纳支教，已经计划了差不多两年。不巧的是，她选择的时机太糟糕了。埃博拉病毒爆发，开始在西非蔓延，每个人都告诉她不要去，因为太危险了。

与此同时，我在计划两场旅行，包括在欧洲的一场婚礼和在伦敦的一次领导力会议。作为无私助人的伴侣，我建议她放弃她的慈善活动，跟我一起去欧洲的海滩度过一个星期。

我知道你们都在想，还有什么比跟一个律师去海滩玩一个星期更美好的呢？尽管吸引力这么明显，但是她竭尽全力调整非洲的行程，最后她还是去了坦桑尼亚，参加一次类似的志愿者活动。

大约一星期后，我接到了她的一封兴高采烈的电子邮件。她遇到了一个叫刘易斯的可爱男孩。令我如释重负的是，刘易斯只有五岁，是她学校里的一名学生。他很聪明，很有潜力。遗憾的是，跟许多非洲孩子一样，他的父母非常贫困，明年没办法送他去上学。

我们两人决定资助刘易斯，送他去当地一所寄宿学校，在那里他不仅能受教育，还能解决温饱问题。我知道这种事司空见惯，许多人可能都做过类似的事，但是这让我意识到，一件小事能够给其他人的生活带来多大的影响，甚至改变他们人生的方向。

如果克里斯蒂没有信守承诺、全心投入、实现梦想，这一切都不会发生。当我想到责任的价值观，就想到了克里斯蒂。跟她一样，我们所有人每天都有机会全心投入、实现梦想，并且给其他人的生活带来重大的影响。

勇敢：莫林·贝利（Maureen Berry），临床服务改进主管，保柏老年护理服务中心

我有十个兄弟姐妹，是家里的老二。说我的童年过得很艰难，恐怕远远不够。我家非常穷，我爸爸是个酒鬼，我们整天提心吊胆地过日子。

我记得在一个可怕的晚上，我哥哥和我（当时他13岁，我12岁）发誓我们绝不早早结婚，绝不跟酗酒的人结婚，而且绝不在穷困潦倒时生孩子。我们还发誓，无论发生什么，都要照顾彼此和弟弟妹妹们。

不久，我妈妈决定，她再也不能忍受下去了。她不能继续照顾她的11个孩子了，她和爸爸离了婚。我们全都进了收容所，她决定，最好的办法是把我们都申报成需要州政府监护的未成年人。我仍然清楚地记得，我站起来对她说："不，你不能这么做。还有更好的办法。我们应该待在一起，我们会想出办法的。"

我们的确待在了一起，童年留给我的积极乐观教会我勇敢，敢说敢做，勇于尝试。

18个月前，我又一次面临类似的处境。快要退休的我面临两个选择，一个是喝着冰镇果汁朗姆酒悠闲地看落日，另一个是承担起整合我们的健康服务的项目…… 我们来谈谈勇气。老年护理健康体系已经完全过时了，但是我根据自己的经验知道，我能为此投入全部精力，让它充满活力。我知道还有更好的办法，它需要整合，只要齐心协力，我们总能找到办法。

所以我没有像计划的那样去享受退休生活——更像是《末路狂花》的风格——但是我很高兴，在保柏，我们有勇气去彻底改变老年护理模式。我们很勇敢，勇于尝试，用我们的热情去帮助人们过上更长久、更健康、更幸福的生活。

卓越：珍妮·科尔斯（Jenni Coles），护理服务主管，保柏集团新西兰奥克兰分部

我爸爸被诊断出患有严重的心脏病时，他有六个年幼的孩子。他本来可以辞职，当个心脏病病人，但是他没有。在接下来的 20 年里，他继续工作养家。

爸爸是郡里的工程师，负责一大片乡村地区的道路和桥梁养护工作。在那片地区，有大约 100 座古老的单车道小木桥。这些桥都需要更换，因为它们对满载的卡车和家庭用车来说太危险了，但是郡里没有足够的资金更换所有的木桥。

爸爸研究了各种选择，决定最好的方法是换成两车道的混凝土桥。

他接下来做的事情超出了他的职责。他在我们自己的后院建了一座水泥工厂，由一台蒸汽机驱动，开始生产所有 100 座桥梁所需的桥墩等构件。

当我想到我的父亲，一个挥之不去的画面就是他站在装满桥梁构件的卡车旁边，脸上挂着大大的微笑。

我认为我的父亲是卓越的。他为了养家与严重的疾病抗争，为

了让社区拥有安全的道路和桥梁听从自己内心的愿望。这些桥今天还在那里，未来一百年也还会在那里。

我们在保柏可能不需要建造桥梁，但是我们每天都有机会追求卓越。超越我们自己的岗位职责，成为自己想成为的最好的人——就像我的父亲一样。

☞ 结果

会后，领导者直接得到一个工具箱，帮助他们将价值观嵌入他们的团队。其中包括如何找到符合价值观的个人故事指南，以及如何在团队中开展这些研讨会的概述。这是在商业中分享价值观的关键步骤，而且是在领导力会议之后两个月里完成的。这种方法非常成功，随后保柏在全世界推广了这一框架。

“这些价值观很快就成为保柏生活的一部分，这让我非常惊讶，我相信原因就在于讲故事。”丽兹说。

2015 年 5 月，全球内部公关团队发起了一项叫做“保柏感谢您”的活动，目的是鼓励保柏的所有员工找出另一个实践保柏价值观的同事，给他寄一张实体或电子贺卡。在“保柏感谢周”期间，整个澳大利亚和新西兰寄出了超过 1 600 份电子贺卡和 1 万多张实体贺卡。

办公会议上制作和分发了价值观活页卡，员工可以用它们来提起一条价值观，或者声明他们要说的东西是真实的。他们举办了早茶会，在澳大利亚和新西兰，一些员工接受了“感谢专员”的回访，这些专员在不同的分部公开感谢那些收到“保柏感谢卡”

的人。

同年剩余的时间里，保柏集团举办了“价值观月”活动，鼓励人们分享他们看到的其他人践行公司价值观的故事。这些价值观现在与绩效周期整合在一起，为那些证明了保柏价值观的员工提供奖励和认可。

保柏集团不再开展员工敬业度调查，而是采取了更简单的净推荐值（Net Promoter Score）指数，每个季度询问员工是否认为保柏是一个值得推荐的工作场所，及其理由。

当员工打出满分 10 分时，他们给出的一个关键原因就是公司的价值观和目标。

有趣的是，当员工打出低分，说他们不推荐保柏时，给出的一个理由是他们没有看到周围的人践行保柏的价值观。

让你的故事卓有成效

这个案例的成功为保柏集团在其他公关问题上使用讲故事的方法敞开了大门。从那以后，我为高管团队、主要变革团队和负责内部支持的内部公关团队进行了讲故事培训。最近，保柏将我的线上讲故事项目加入了它们的内部教育产品，让所有员工都能学习讲故事的技巧。

在下一个案例中，我们将考察新西兰电信采用的不同方法，通过讲故事，这家公司让它的价值观和愿景充满活力。

第 15 章

新西兰电信案例

新西兰最大的电信公司 Spark 为上百万新西兰人和成千上万的企业提供数字服务。它是新西兰最大的上市公司之一，在全国拥有超过 5 000 名员工。

2013 年，Spark（原新西兰电信 Telecom）大胆地进入未知领域，发起一项为期三年的业务转型计划，寻求在新西兰的数字化未来中扮演更重要的角色。转型的规模非常大——有人说这是新西兰商业史上最大规模的转型之一。

挑战

在新西兰电信向 Spark 转型的过程中，挑战在于从基础开始重振整个企业。Spark 所在的行业当时正在经历大规模动荡（现在还是如此），它希望人们意识到“平台着火了”，并愿意接受改变，让人们了解驱动根本性变革所需的速度和动力。

更名时，Spark 决定仔细考察其内部价值观。显然，Spark 的内部团队必须使自己与新品牌协调一致，做到目标清晰、充满活力，才能将其投射给他们的顾客。持续和真实的变革必须由内而外地进行，而不是仅仅置换公司品牌中公开可见的要素。

为了这个目的，Spark 希望让员工来书写新 Spark 的故事，以及将成为新品牌 DNA 的价值观。这一点很重要，因此，Spark 采取了与员工合作的方法。

在我的经验中，Spark 决定价值观的过程是独一无二的。它们在全新西兰分别成立了三个工作组（每组大约 30 人），彼此之间完全独立。

每个团队都从一张白纸开始，被要求用真实的语言写下真实的人们的真实价值观。各个团队之间不分享结果，彼此独立进行。有意思的是，三个团队写下了极其相似的价值观。

然后 Spark 召集了 20 名资深员工，给他们看三个团队的结果。他们发现没有什么要补充的，也没有要删除的——他们对文字进行了一些修饰，但是仅此而已。Spark 人真正知道而且能够用他们自己的话来表达，他们要“成为”什么，以及向（内部和外部的）新西兰人表现出什么。

这个过程帮助他们建立起强烈的主人翁意识，以及员工个人与价值观和目标的联系，因为它们是“由员工、为员工”写作的。

因此，它们的目标非常清晰：我们的理想是成为一家成功的企业，在顾客的激励下，释放所有新西兰人的潜能。

接下来，（由员工写下的）四条新的指导价值观用特色化的语言反映了这一目标。它们的核心价值观是：

- 用心聆听。
- 直来直去。
- 全力以赴。
- 共创辉煌。

支撑每一条价值观的行为也以一种与普通价值观和行为准则截然不同的方式写在下面。我特别喜欢“直来直去”下面列出的行为：

- 我们直言不讳——但是保持尊重。

- 我们不说行话——使用顾客的语言。
- 我们为顾客和自己创造价值。
- 我们坦率而认真。

机会

Spark 数字人力资源主管希瑟·波格拉斯（Heather Polglase）是将讲故事引入 Spark 的主要驱动者。希瑟说：

> 我们正处在变革的路上，要改变我们在新西兰顾客和企业心目中的形象和提供的服务——这是一项相当繁重的任务，需要世界级的领导和团队……激励员工与我们并肩作战也是至关重要的。考虑到这些，讲故事是我们的领导者和许多员工需要并渴望掌握的技能！

Spark 不仅要为其价值观赋予生命力，而且要想办法继续推动领导者和激励员工。

根据领导组织变革的经验，希瑟明白领导者是以生动鲜活的方式沟通价值观的关键。在希瑟看来，“本质上，这是写在墙上的价值观与被践行和被谈论的价值观之间的差别”。

希瑟意识到，讲故事是所有领导者都应该学习的关键技能，他说：

> 我们看到过许多例子，领导者不相信他们能以鼓舞人心的方式与他们的团队或我们的顾客沟通。一些人认为只有少数人

能够做到以“鼓舞人心”的方式传递信息，只有那些外向型和“擅长”公开演讲的人才行。这就是需要进行讲故事培训的地方。

过程

2015 年 7 月，Spark 业务部门在客户大会上率先使用了讲故事的方法。这是一个自由研讨会，目的是帮助销售团队和负责为新西兰企业提供服务的领导者培养新能力。

最后，这成为大会下午自由讨论中被谈论最多的研讨会。但是只有少数人参加了，而且回归日常业务以后也没有清晰的“行动纲领”。临近 2015 年 11 月时，又一个建设这种能力的机会出现了——为 Spark 的大多数人开办讲故事大师班。大师班向全 Spark 公司的大约 400 人发出了邀请，以便了解他们的兴趣所在。

大师班的口号是提供技巧，不仅帮助人们沟通 Spark 的价值观，而且要增强他们作为销售和服务人员在日常工作中的沟通能力。

邀请按照先到先得的方式开展，对教室的大小有严格限制，所有的研讨班都在几天内报满了。我在威灵顿和奥克兰为 300 多名 Spark 的领导者主持了四期大师班。还有一些没能报上名的人当天来碰运气，想要进入教室！

Spark 的故事

下面是 Spark 的领导者为了说明公司价值观而分享的故事。

用心聆听：阿曼达·贾维（Amanda Jarvie），Spark 市场开发经理

几年前，我下班开车回家的路上，在广播里听到奥克兰布鲁斯教练兼心理健康大使约翰·基尔文（John Kirwan）谈论他的新书，这本书是帮助家长防范青少年抑郁和自杀的。

为了给这本书做调研，他找了一些青少年进行面谈。在与第一组年轻人谈话时，为了让他们放松，他讲述了自己年轻时在布鲁斯的一段经历，用传统的新西兰“兄弟”方式欢迎他们。他们的反应令他惊讶：他们显然很不自在。他问他们为什么，他们说这很尴尬，不是一个成年人对青少年讲话的正确方式。他解释说这正是问题所在——父母为如何跟他们的孩子讲话而绞尽脑汁；通常他们得到的都是咕哝、耸肩，或者“随便吧”。那么他们应该怎么做？孩子们说，家长总是忙着工作，当他们回家时，一进门就开始问他们一天过得怎么样之类的。这是适合家长的谈话方式，但是不一定适合孩子。

他们给家长的强烈反馈是，倒不如让他们用自己的方式决定他们什么时候想聊天，然后当孩子想表达时准备好聆听。

我考虑了自己的情况，作为有三个孩子的职场妈妈，我意识到我的做法跟他们描述的如出一辙——希望下班一到家孩子们就告诉我他们在一天中发生的一切，然后得到的反应也差不多。

我还想到每天晚上他们用没完没了的讲故事要求和拖延战术拒绝上床睡觉时的那种崩溃感。这些年轻人的话让我认识到，我的孩

子是在告诉我，他们想要聊天的时间是上床睡觉前，我应该改变方法，在那个时间去认真聆听。

对我们 Spark 的所有人也是一样。想象一下，如果我们要拥抱“用心聆听”的价值观，就应该在顾客想表达时真正做到聆听。

直来直去：温蒂·爱尔兰（Wendy Ireland），Spark 品牌公关经理

直来直去。我们经常这么说，我认为它对不同的人意味着不同的东西。我的沟通风格经常被人说是直来直去的，但是或许更多的是指我“直言不讳”的倾向。年轻时，如果有什么事情需要指出来，我总是第一个发声，我为此感到骄傲。人们经常在事后悄悄对我说：“真高兴你说出来了——我们都是这么想的，但是没有说。”

但是我想，随着时间的推移，我的直来直去迷失了方向，变得有点像个义务警员。在某种意义上，忘记了究竟要为什么而战……但是根本没有什么需要战斗的。我误解了自信和魄力，以为这需要绝对正确，不犯错误，或者更大声地表达我的观点。

六年前，我去拉斯维加斯看我妹妹，她刚刚开始在内华达大学攻读法律学位。我们一起去听演讲，礼堂外墙的浮雕面板上的一句铭文深深触动了我。这句话说：“不要提高你的声音；去改进你的论点。”

我给它拍了一张照片，然后就把它放到一边了。在那段时间里，我可能偶尔想到过一两次，但是没有真正付诸实践。

直到今年，直来直去的力量才真正打动了我。它更多的是关于弱点，而不是力量。接受我的弱点——真正拥抱它——比我典型的“上战场”的沟通方法更需要勇气，得到的结果也更深入，而且肩上的负担也会轻得多。

也是在今年，我幸运地在全新的品牌公关团队中遇到了一位新经理。我的经理践行 Spark 所有的价值观，但是她在同情和活力之间保持的完美平衡让她在直来直去这方面成为值得学习的榜样。关于如何真正做到直来直去，我在这一年中学到的比以前都多。

上星期的一次团队会议上，我的经理谈到励志格言，提到她在广告灯箱上看到律政剧《金装律师》(*Suits*)。主角哈维·斯佩克特(Harvey Specter) 的一句话鼓舞了她：“不要提高你的声音；去改进你的论点。”我说我在内华达大学也看到过这句话，离开时我们被愉快的巧合带来的美妙、温暖的感觉包围着。或许这就是命中注定。

在我看来，Spark 的直来直去意味着每天进步一点点，发现和接受有弱点的自我，带着真正的同情去处理问题，以及最重要的——保持呼吸。

全力以赴：希瑟·波格拉斯（Heather Polglase），Spark 数字人力资源主管

对我来说，作为家族企业的一部分与之共同成长是一段充满活力的经历，我很感激这段经历。从我很小的时候起（大约四岁），

生活就是忙碌而有序的，四周到处都是有意思的人。我的父母开餐馆，他们事事亲力亲为，经常要工作很长时间，所以在我的成长过程中，花了很多时间来适应他们紧张的日程，餐馆的美妙环境和他们雇用的有意思的人都是我成长的一部分。我想，在那些年里，我有许许多多的阿姨，正是她们教会我关于生活和事业的宝贵经验！

对我们大多数人来说，美妙的用餐体验是流畅的，就像润滑良好的机器。告诉你吧，我知道背后是一幅不同的景象，我也是其中一部分。要做许多工作，要有时间限制，主菜要让人们满意，还要让他们成为回头客！但是其中最重要的是，我知道我的父母喜欢这一行，希望为个人和家庭创造真正与众不同的体验——帮助他们留下一起用餐的美好记忆。

我长大后也成了餐馆的一员（放学后、周末和假期），我有了越来越多的机会为我们想创造的体验做出贡献——削土豆皮、洗盘子、挤冰淇淋、上菜、当服务生。我开始明白，虽然前厅那些付费享用美食的人们看到的是另一幅画面，但实际上，作为一个团队，我们看起来也相当棒。我们是一个团队，齐心协力为他人创造非凡的享受和体验。我们可以在不到 15 分钟内为 150 人布好桌子和上菜，纯粹因为我们全都关注结果、彼此沟通、互相帮助，无论我们自己的职责是什么，都会为了实现最终的目标做任何事。

若干年后，当我回想这些美妙的童年经历和幕后的辛勤工作，我问我的父母，他们是如何让这种事情一次又一次地发生的，为什么他们的员工更像一个大家庭？他们说，他们非常清楚自己的目标是什么，然后去雇用那些与他们价值观一致的人，这些人虽然知道钱就挣那么多，但是愿意做需要他们做的一切——经常超越了服务生、厨房帮工或主厨的职责。

在谈到“全力以赴”的价值观，以及它能够帮助我们为顾客创造怎样的美妙体验时，我常常想，我的父母能在他们自己的生意中真正践行这条价值观。他们教会我和其他许多人，聪明的员工是一个好的出发点，但是愿意创造“奇迹”的人组成的团队能够齐心协力，实现目标。全力以赴是我作为领导者的一部分，我愿意成为这方面的榜样，就像我的父母成为我的榜样一样。

共创辉煌：尼尔·理查森（Neal Richardson），Spark 投资主管

上周末，我发现我最喜欢的一件衬衣提前报废了。领口磨损了，下摆有一处裂口，如果仔细看，会发现面料也磨薄了。我有点失望，因为我敢肯定这件衬衣才买了几年，但是当我看到标签，发现它已经穿了十多年了。事后想来，我可能几年前就该把它扔掉了。

我发现很难相信这件衬衣已经穿了十年，这提醒我，时间飞逝，有些你还在坚持的事情可能早该放手了。

我想，在工作中和个人生活中一样，也很容易落入同样的陷阱。在我们意识到之前，很多年过去了，我们还在像往常一样，用同样的方式做同样的事情。

当我想到“共创辉煌”的价值观时，我想我们都需要看到，每天都有机会做出改变。无论是扔掉某些不再有用的东西，还是用一

种新方法解决问题，或者寻找以前没有考虑过的新挑战。

通过小小的改变，开始改变我们自己和周围的人，这样我们才能真正共创辉煌。

☞ 结果

讲故事培训收获了极佳的反馈，在培训过后进行的调查中，90％的参与者选择了有用。在被问到讲故事大师班是否帮助参与者建立了与团队和顾客沟通的信心和能力时，98％的人选择了“是”，2％的人选择了不确定。

下面这段反馈总结了为什么讲故事的技能如此重要：

> 培训是交互式的，迫使你去思考能够应用于工作场景的真实生活中的例子。我喜欢小组讨论的过程，很高兴有机会分享这些围绕我们价值观的故事。现在，我会积极地寻找能够强调某个要点或者充实谈话主题的故事。

2015 年 11 月首次培训成功的六个月后，在 Spark 的真实有效领导力会议上，下一个帮助更多领导者在讲故事的艺术方面提升技能的机会出现了。

为了在推出价值观的基础上继续为这些价值观注入生命力，公司发起了一个叫做“小小胜利”的跨业务部门的行动，聚焦于“顾客激励”在实践中的意义。对于 Spark 的员工来说，这意味着“真实有效”地帮助顾客，以及顾客的顾客，每天赢得小小的胜利。

这项活动的目的是找到这样的故事，其中员工践行了价值观，并且在这个过程中真实有效地帮助了顾客——然后要让他们认识到这一点。

在很短的时间里，“小小胜利”哲学成了整个 Spark 日常工作的常态，而且很快成为每个 Spark 人分享、赞美和认可的共同为顾客创造价值的方式。

希瑟说：

> 我们的价值观支撑了我们的理想和这个项目，在第一轮的成功和绝佳反馈之后，我们不假思索地为全国的领导者增开了一系列讲故事培训班。这也意味着我们获得了更多的听众，而且有机会让那些以前参加过并且爱上讲故事的人巩固了他们学到的东西。

这一次，作为真实有效领导力会议的一部分，我为 Spark 不同地区、不同业务团队的 600 名高管组织了六期大师班。Spark 为践行“共创辉煌”的价值观，还邀请了一些关键外部合作伙伴来参加研讨会和培训班。

会后，又提供了一小时的研讨时间，为所有参与者准备了能力建设视频。视频在会后四周时间里有计划地发送给所有参与者，这样就巩固了他们在会上学到的东西，鼓励他们分享故事，从而保证这些技能不会被忘记。

基于对 CEO 和高管榜样作用的重要性的理解，我对 40 名最高层管理者进行了更多强化培训，包括 CEO 和执行团队。在向这 40 位高管发出邀请后，有 14 位在收到邀请一小时内就报了名，我们不得不追加研讨会以满足需求。这种要求表明，他们不仅自己要学会这些技能，还要充当其他人的行为榜样。

开展了所有这些活动后，希瑟说：

> 以前从来没有人这么重视能力建设的机会，它比我们的圣诞节活动还受欢迎！我也亲眼目睹了大师班期间，我们的员工多么活力四射、全情投入和迎接挑战——现在，我看到他们在实践、试验和向许多人谈论他们学到的东西。我们每个人都是使其传承下去的领导者，这正是我们的目标。
>
> 我收到的许多评论也证明了这种涟漪效应，真高兴看到这么有效的活动，把各个业务部门和团队的成员聚集在一起，打破部门之间的界限。
>
> 能够提供一个这样的改进机会，这种感觉很美妙，结果也令人惊喜——建设讲故事能力的投资回报不仅属于他们个人（和他们的事业），也属于我们的员工、团队，最终属于我们的顾客。

让你的故事卓有成效

公司经常希望领导者“沟通价值观，践行价值观，在整个组织内驱动价值观”，但是没有为他们提供这样做的空间和技能。Spark 的这个案例是一个范例，表明了如何在整个组织中利用讲故事来让目标和价值观影响到每一个人。

第三部分到此结束。不过，在你以为自己已经了解了关于如何讲好故事的一切之前，请继续阅读本书的结论部分，其中还有一些讲故事的终极秘密。

结　论

经常有人问我："多少个故事才算够?" 为了回答这个问题，我考虑了我亲眼见过和在网络上看到的各种不同商业情境中无数鼓舞人心的演讲者，从一对一培训到千人以上的会议和大型演讲。对于你能够使用故事的不同情境，这本书篇幅有限，例子的数量也在与日俱增。

所以，关于你能分享多少个故事，不存在这样一个神奇的数字。我们距离"太多故事"还差得远。

让你的故事卓有成效的秘密

重视事实和数据的商业世界渴望真诚和会讲故事的领导者，我希望本书中的工具、技巧和例子能够激励你成为这样的领导者。希望看到这里，你已经知道了如何在各种不同的情境中寻找和分享你自己的故事。不过在你释放新掌握的讲故事技能之前，有五个秘密技巧是你必须知道的。

拥抱弱点

世界上最好的故事讲述者都会拥抱他们的弱点。例如，布伦特·布朗（Brent Brown）是休斯敦大学社会工作研究生院的教授。她的著作《无所畏惧：面对弱点的勇气如何改变我们的生活方式》（*Daring Greatly*：*How the Courage to Be Vulnerable Transforms the Way We Live*，*Love*，*Parent and Lead*）是位于《纽约时报》排名榜榜首的畅销书，被《快速公司》（*Fast Company*）杂志评选为 2012 年十大商业图书之一。她在 2010 年的 TED 休斯敦演讲《脆弱的力量》是全世界观看次数最多的十大 TED 演讲之一。

布朗相信脆弱是“对勇气最准确的度量”，说它是“我最不愿意向你展示的东西。在你看来，这是勇气和胆识。而在我看来，它是弱点”。

好的故事讲述者理解让其他人看到我们最隐秘的自我的力量。他们把它看成一种力量，而不是一种弱点。在故事中表现你的弱点会让它们更难忘、更吸引人。

脆弱不是要你过度分享自己的内心世界。表现弱点要有边界和信任。没有边界的脆弱会导致怀疑和疏远，人们可能感觉你在试图故意操纵他们。

脆弱是与那些我们已经赢得了倾听的权利的人们分享我们的感觉和经历。布朗相信：“我们需要信任感才能表现脆弱，也需要表现出脆弱来赢得信任。”

保持简洁

一般来说，商业故事应该在一两分钟内讲完。超过这个时间，听众会开始想“快说重点”，有时候他们甚至会抢话！

有一次，我的讲习班上有一位参与者抱着胳膊坐在那里，不太起眼。当我问大家有什么问题时，她举起手说：“我不认为讲故事这一套有什么用。有一次我给董事会讲了一个故事，10 分钟后有人让我快说重点。”我只能说，她的故事超时了八九分钟。

如果你是舞台上的演讲者，有些情况下你的故事可以更长，但是在商业中它们通常需要简洁。人们喜欢听故事，但是一定要在他们不再聆听之前结束你的故事。

善用幽默

为了更吸引人，许多人努力让他们的故事搞笑。分享一个搞笑的故事没有问题。大多数人喜欢来点幽默，但是每个人对搞笑的看法不同。所以幽默当然有其一席之地，但是你必须正确地使用它。

绝不允许任何可能被解释为性别或种族歧视的言论。没有任何借口。政治幽默也是有风险的，因为这可能划分你的听众。幽默的关键是了解你的听众和谈话的对象。明确地说“开个玩笑”也是一招安全牌——当然，除非你所有的听众都是开玩笑的对象。

做得好的话，幽默可以带来谦虚。当你分享自己的成功故事时这非常重要，因为谦虚能让人们不觉得你在吹牛。幽默也可以有策略地用于使悲剧故事的氛围更轻松。

做好准备

我亲眼看到那些擅长讲故事的人花了多少时间和努力准备他们的故事，包括明确他们的信息，找到最合适的故事，把故事写出来，练习讲故事，以及如果这个故事没有效果，再准备推翻重来。

讽刺的是，当这些一流的故事讲述者分享他们的故事时，听众或他们的团队成员经常说他们是“天生的”。他们不是天生的，他们只是为讲故事做了大量的准备工作。

你需要通过计划、写作和反复练习准备你的故事。这能帮助你决定哪些细节需要保留，哪些需要剔除。这还能帮助你确保为正确的信息找到正确的故事。

灵活多样

在讲故事时你需要各种各样的故事。最糟糕的就是你只有一两个标准故事，在任何情境中、传递任何信息都使用它们。你不希望你的听众这样想：如果他再讲一个他孩子的故事，我会……或者，又来了，又一个她参加三项全能的故事。

如果你是个主题演讲者，你的观众每次都不同，当然可以使用那些你知道有效的故事。同样，如果你是个领导者，也需要向不同的观众做同样的演讲。

故事需要多样性。一些故事可能非常个人化，或者比另一些更加情绪化。一些可能是你童年时代的故事，一些可能发生在周末或工作日。

这是真正的秘密：要让你的故事多元化，最好的办法就是永远去寻找新故事。

下一步

如果你想成为一名会讲故事的真诚的、有魅力的领导者——说真的，为什么不呢？——放手一搏吧。不要让这本书在你的书架上积灰。阅读这些例子，找到你自己的故事，开始在你自己的世界中分享它们。

如果你还需要更多帮助来应用这种技巧，可以查询我的讲故事在线课程，你可以从世界上任何地方看到它。如果你想为自己或整个团队找点灵感，也可以跟我联系，组织演讲活动或培训课程，就像你在本书中看到的那样。

最重要的是，别忘了跟你的团队和其他同事分享这本书。正如你看到的，在分享经验时，讲故事是最有效的。

加布里埃尔

www.gabrielledolan.com

Stories for Work：The Essential Guide to Business Storytelling
ISBN：9780730343295

图书在版编目（CIP）数据

做个会讲故事的人：如何在商界讲好故事 /（澳）加布里埃尔·多兰（Gabrielle Dolan）著；唐奇译．—北京：中国人民大学出版社，2018.1

书名原文：Stories for Work：The Essential Guide to Business Storytelling

ISBN 978-7-300-25213-1

Ⅰ.①做… Ⅱ.①加… ②唐… Ⅲ.①商业经营-语言艺术 Ⅳ.①F715 ②H019

中国版本图书馆 CIP 数据核字（2017）第 300909 号

做个会讲故事的人

如何在商界讲好故事

［澳］加布里埃尔·多兰 著

唐 奇 译

Zuo Ge Hui Jiang Gushi de Ren

出版发行	中国人民大学出版社		
社　　址	北京中关村大街 31 号	**邮政编码**	100080
电　　话	010－62511242（总编室）		010－62511770（质管部）
	010－82501766（邮购部）		010－62514148（门市部）
	010－62515195（发行公司）		010－62515275（盗版举报）
网　　址	http://www.crup.com.cn		
	http://www.ttrnet.com(人大教研网)		
经　　销	新华书店		
印　　刷	北京宏伟双华印刷有限公司		
规　　格	170 mm×230 mm　16 开本	**版　　次**	2018 年 1 月第 1 版
印　　张	14	**印　　次**	2018 年 1 月第 1 次印刷
字　　数	123 000	**定　　价**	42.00 元